Von Rose-Marie Nöcker erschienen außerdem
als Heyne-Taschenbücher

Sprossen und Keime · Band 07/4325
Körner und Keime · Band 07/4362
Gesundheit aus dem Zimmergarten · Band 07/4404
Heilerde · Band 08/9028
Das große Buch der Sprossen und Keime · Band 07/4632

ROSE-MARIE NÖCKER

Makrobiotische Küche

*Die Kunst,
sich in Harmonie mit der Natur
zu ernähren*

Originalausgabe

WILHELM HEYNE VERLAG
MÜNCHEN

HEYNE KOCHBUCH
Nr. 07/4288

7. Auflage
(1. Auflage der überarbeiteten Neuausgabe)

Copyright © 1980 by Wilhelm Heyne Verlag, München
Printed in Germany 1992
Umschlaggestaltung: Atelier Ingrid Schütz, München
Umschlagbild: Brigitte Hellgoth/Rose-Marie Nöcker
Zeichnungen: Sylvia von Braun, München
Satz: Fotosatz Völkl, Puchheim
Druck und Bindung: Ebner Ulm

ISBN 3-453-40272-3

Inhalt

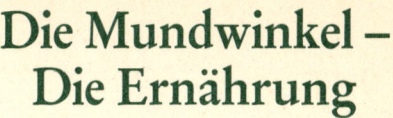

Die Mundwinkel –
Die Ernährung

*»Das Zeichen ist das Bild eines geöffneten Mundes: oben
und unten die festen Lippen und dazwischen die Öffnung.
Vom Bild des Mundes, durch den man sich ernährt, geht
der Gedanke auf die Ernährung selbst über. In den drei
unteren Linien dargestellt ist die eigene Ernährung, die
leibliche, in den drei oberen Linien die Ernährung und
Pflege der anderen, die geistige, höhere.«*

I-GING
BUCH DER WANDLUNGEN

Als ich mein erstes Kochbuch schrieb, war ich auf der Suche
nach einem Essen, das meine Meditation unterstützt.
Ich entdeckte die Makrobiotik. Heute schreibe ich Neues zum
alten Thema. Ich verbeuge mich vor Georg Oshawa, dem Be-
gründer und geistigen Vater der Makrobiotik, und danke ihm für
die Einführung in das Tao der Ernährung. Alles ist Wandel –
auch die Geschichte der Makrobiotik.

Die Geschichte der Makrobiotik

Achselzuckend wurden in den frühen 70ern die Pioniere der Makrobiotik belächelt und abgetan als »langhaarige Körnerfresser«.
Die aus Amerika kommende Botschaft einer philosophischen
Diät mit hohem Reisanteil prallte ab an der damaligen Wissenschaftsgläubigkeit.
Noch konnte man eine Ernährung, die auf dem Prinzip der
Ganzheit basierte, nicht begreifen. Das Gebot der Zeit verstellte
den Blick. Wir verstanden uns weder als Teil der Natur noch tru-
gen wir im »Sattwerden« Verantwortung.

Anders der japanische Zen-Philosoph und Naturarzt Georg Oshawa. Mit seiner ökologischen Philosophie des Essens wies er einen Weg in die Natur und zu ihren Gesetzen. Er leistete darüber hinaus einen entscheidenden Beitrag zur Entwicklung einer vollwertigen Ernährung. Kriterien, die damals noch als dogmatisch-sektiererisch oder gesundheitsgefährdend abgetan wurden, sind heute Grundsätze zeitgemäßer Ernährung, gesunder Lebensführung und einer Mitverantwortung für die Umwelt.

Tao: Yin und Yang

Tao ist der geheimnisvolle Urgrund. Aus ihm steigen Yin und Yang und beherrschen die Welt.

Oshawa wählte das klassische Begriffspaar Yin und Yang mit seinen bipolaren Kräften zur Bewertung von Nahrung. Für asiatische Begriffe ist das nichts Außergewöhnliches. Denn Kunst und Ethik, aber auch Alltag und Fest, ja das ganze Leben, werden gemessen in Yin und Yang. Nicht die Inhaltsstoffe, der meßbare Wert, die kalorimetrische Bedeutung war gefragt, sondern das in der Nahrung wirkende Prinzip.

Die dynamischen Kräfte Yin und Yang sind sich ergänzende Gegensätze. Betrachten wir die Natur, so begegnen sie uns in allen Kreisläufen, Tag und Nacht, Sommer und Winter, Ebbe und Flut, Licht und Schatten. In der deutschen Sprache finden wir keine Entsprechung für Yin und Yang. Aber in der Schrift der Kelten und der Germanen können wir im waagrechten Balken das Yang und im senkrechten das Yin erkennen. Das Kreuz, nicht fortzudenken aus unserer Kultur, ist der Schnittpunkt zwischen den Polen, die Harmonie, aber auch gleichzeitig der Aufbruch ins Neue. Das einzig Beständige ist die Veränderung. Auch die Geschichte des Polaritätsbegriffes selbst hat Wandlung erfahren. Die heutige Auslegung: Yin – passiv, Yang – aktiv, ist patriarchalisch. Im Tantrismus gab es die weibliche Magie, und diese gehörte zum Yang.

Dem Balken der Runen steht im Asiatischen das gleichseitige Dreieck gegenüber. Auf seiner Basis ruht das Zeichen für Yang,

Yin steht auf der Spitze. Wir können es ablesen: Yang – das Stabile, Yin – das Labile. Ohne zu werten, könnten wir so den ganzen Kosmos durchstreifen und die Natur in ihren Gesetzen und verschiedenen Wirkungen wahrnehmen.

Yin und Yang in der Ernährung

Es gibt Nahrung, die im Dunkeln wächst, und eine andere, die nur in der Sonne gedeiht. Ohne Sonne und Licht gibt es kein Leben, und doch ist die Dunkelheit keineswegs still und leblos. Nahrung aus dem Dunkeln des Bodens hat eine andere Qualität als zum Beispiel schnell wachsender grüner Salat. Alles, was sich unter harten Lebensbedingungen durchkämpft, sich in kaltem Klima und auf kargem Boden entsprechend langsam entwickelt, ist Yang.

Eine Pflanze, die nur in der Wärme wächst und schnell heranreift, ist Yin. Der fleischige Kürbis z. B. ist extrem Yin. Die Festigkeit einer Möhre ist Yang. Die tief ins Erdreich wachsenden Schwarz- und Löwenzahnwurzeln stehen für ein extremes Yang.

Yin und Yang wirken nur zusammen. Das eine definiert sich durch das andere.

In der Mitte aber, im Kreuz, liegt das kleine, gedrungene Reiskorn und stellt sich vor als das ausgewogenste Nahrungsmittel der Makrobiotik. Kein Wunder: Über Jahrtausende war Getreide weltweit, bis auf wenige Ausnahmen, in Ergänzung mit Hülsenfrüchten, das Hauptnahrungsmittel der Menschheit.

Es ist verständlicher, das Begriffspaar Yin und Yang mit »Ausdehnung« und »Zusammenziehen« zu übersetzen.

Kälte, Yin, bewirkt im Körper ein Zusammenziehen, Yang, Wärme, die Ausdehnung. Die natürliche Reaktion wiederum ist Yin.

Dieses kosmische Prinzip wirkt auch auf uns in den Yin- und Yang-Anteilen, die wir essen, und verstärkt unsere jeweiligen Yin- und Yang-Pole.

»Seht her«, sagte Oshawa, »das Leben ist voller Gegensätze, doch das Geheimnis liegt in der Ausgewogenheit, im weisen Gleichgewicht der Kontraste. Gleichgewicht bedeutet Harmonie und Schönheit. Einheit heißt Frieden und damit die Kraft, Berge zu versetzen.«

Mir gefällt das Bild der Wippschaukel: Je weiter wir uns vom Mittelpunkt entfernen, um so schwieriger halten wir die Balance. Genauso ist es beim Essen: Je extremer die Yin-Yang-Tendenzen in der Nahrung auseinanderdriften, um so mehr verschlechtert sich unser körperlich-geistiges Befinden – wir sind unausgeglichen, unkonzentriert.

Oshawa verlangte in seiner Diät einen hohen Reisanteil, denn im Reis ist das Verhältnis von Yin und Yang optimal, es liegt bei 5:1. Kein Wunder, daß ein Essen mit diesem hohen Anteil eine gute Basis für eine Ernährungsumstellung ist, wie sie schon in der klassischen Makrobiotik verordnet wurde.

Doch zurück zum Leben Oshawas.

Oshawa in Europa

> *Ich glaube, wenn wir uns in dieser Welt heimisch*
> *fühlen wollen, müssen wir Asien einen gleichwertigen*
> *Platz in unserem Denken einräumen. Ich weiß nicht,*
> *welche Veränderung es mit sich bringen wird, aber ich*
> *bin davon überzeugt, daß sie tiefgehend und von größter*
> *Bedeutung sein wird.«*

BERTRAND RUSSELL
(PHILOSOPH, 1872–1970)

Seit 1914 lebte Oshawa in Frankreich. Der Zweite Weltkrieg zwang ihn, seine Mission zu unterbrechen. Er verließ das Land, lebte zeitweilig bei Albert Schweitzer in Afrika, ging nach Indien, danach in die USA.

Erst nach mühevollem Anfang konnte er seine Ernährungs- und Lebensphilosophie publizieren. Er unterrichtete und hielt Seminare ab.

Nachdem durch diese Arbeit in den USA seine Nachfolge gesichert war, zog es Oshawa zurück nach Europa. Die Zeit war reif. Auch hier lernten ihn kritisch denkende junge Menschen zu verstehen. In seinem Gedankengut steckten Ansätze für eine notwendige Bewußtseinserweiterung, eine Umkehr, eine Wiederentdeckung der Natur.

Frankreich war für ihn eine Herausforderung spezieller Art. Er sah sich einer Vielzahl fragwürdig ausgebildeter Akupunkteure, Joga- und Judomeister gegenüber, alle »made in France«.

Um diesem Boom entgegenzuwirken, verbreitete Oshawa auch hier schriftlich seine Ideen, um die geistige Komponente asiatischer Lebensphilosophie gegenüber einer weltfremden Metaphysik nicht verloren zu geben.

Oshawa kam auch nach Deutschland, wo schon 1796 Christoph Wilhelm Hufelands Werk »Makrobiotik oder die Kunst, sein Leben zu verlängern« erschienen war. Übrigens behandelte dieser Leibarzt der Königin Luise auch Wieland, Herder, Goethe und Schiller.

Hufeland wie Oshawa stützten sich bei der Wortfindung auf das Griechische:

    makros (= groß) und
    bios (= Leben).

Die Verlängerung des Lebens war seit jeher zentrales Verlangen. So heißt es bei Hufeland: »Mäßigkeit, inneres Gleichgewicht, Bewegung an der frischen Luft, Frieden zwischen Körper und Geist ist anzustreben.« Dr. Hufelands Betonung liegt auf der Verlängerung des Lebens. Doch Oshawa wollte das Leben groß machen im Sinne einer Verantwortung, die wir uns, der Erde und dem Kosmos gegenüber tragen.

Die Gedanken Oshawas und Hufelands unterscheiden sich wie die östliche und die westliche Medizin. Während die im Westen Symptome behandelt, geht es in der asiatischen Therapie um den GANZEN Menschen, dessen innere Ordnung bei Krankheit gestört ist. Nahrung, die individuell gewählt ist, kann diese Ordnung wiederherstellen.

Gegen Ende seines Lebens traf Oshawa in Deutschland auf die Anthroposophie. Er selbst nannte das einen Einschnitt in seinem

11

Leben. Die Lehren Rudolf Steiners konfrontierten ihn mit europäischem Gedankengut, das er nicht kannte. Ein Freund berichtet, Oshawa habe am Ende seines Lebens Christus gesucht. Aber er war alt geworden im Kampf für den Frieden.

1966 starb er, 72 Jahre alt. Seine Vertrauten vermuten, daß er in innerem Protest gegen den Vietnamkrieg gestorben sei. Hätte er sein buddhistisches Erbe aufgeben können zugunsten unserer Religion, wenn er länger gelebt hätte?

Die Makrobiotik verbindet Östliches und Westliches. Aber wäre Oshawa nicht früher oder später mit der christlichen Praxis des »gerechten Krieges« kollidiert?

Oshawa gehört zu den großen, ungenannten Friedensforschern, nicht -kämpfern. Er wußte sehr wohl, daß Krieg und Frieden von den jeweiligen Lebensbedingungen der Menschen abhängen. Strukturelle Gewalt, sagte er, entspringe den Lebensbedingungen. Wenn Menschen daran gehindert werden, ein sinnvolles, schöpferisches Leben zu führen, wenn denaturierte Nahrung Menschen an übervollen Tischen dennoch unterernährt läßt und wenn fehlende geistige Anregung sie verarmen läßt, dann sei der Mensch auch angegriffen ohne Krieg.

Oshawa wollte das Leben erweitert wissen, nicht nur im Sinne einer passiven Kontemplation. Als Zen-Mönch hinauszutreten in die Welt und eine Erfahrung weiterzugeben, »das Wunder der Makrobiotik«, war für ihn ein geistiges Erlebnis. Es verfeinerte die Sinne und schärfte die Urteilskraft. Eines der letzten Werke Oshawas war 1965 die Organisation einer »geistigen Olympiade«. Sie hatte den Frieden, auch mit der Natur, zum Ziel, sowie Gesundheit und soziale Gerechtigkeit.

Hier möchte ich noch einmal auf ein folgenschweres Mißverständnis eingehen: In den 70er Jahren wurden Todesfälle auf Unterernährung durch reine Reisdiät zurückgeführt.

Eine 100prozentige Reiskur verschrieb Oshawa nur temporär, bei entsprechenden Krankheiten. Gegen Übertreibungen, Fanatiker oder gegen undifferenzierte Anhänger war Oshawa nicht gefeit.

Die Nachfolge

Nach dem Tode Oshawas trat Mishio Kushi die Nachfolge an. Der ehemalige Schüler überarbeitete die Makrobiotik in einem Standardwerk: »Das Buch der Makrobiotik«. Er bleibt bei den Prinzipien seines Meisters, aber er lockert sie. Der hohe Körneranteil von 80 % wird bis zu 50 % reduziert. Früchte und Gemüse tauchen im Speiseplan auf.

Kushi geht auf die Eßgewohnheiten in verschiedenen Ländern ein. Die Makrobiotik läßt sich vergleichen mit der anthroposophischen Ernährungsweise, in der die Grundlage Getreide ist, unverarbeitet als ganzes Korn. Dazu ist Gemüse empfohlen, beides möglichst aus biologisch-dynamischem Anbau und ein Teil des Gemüses als Frischkost. Wie in der Makrobiotik werden alle Teile einer Pflanze verwendet: Wurzel, Stengel, Blatt und Frucht. Bevorzugt werden, der Jahreszeit entsprechend, Gemüse und Obst aus der Region.

Mit etwas Distanz betrachtet, ist die makrobiotische Lebensweise der europäischen gar nicht so fremd. Die großen Ärzte der Antike, wie Hippokrates und Galen, und des Mittelalters, wie Hildegard von Bingen, wiesen den Weg zu einer natürlichen Eßweise in Kontemplation.

Der gesunde Menschenverstand, der zunehmend verlorengeht, wird von Mishio Kushi besonders beschworen. Seine Ansprache an uns ist frei von Dogmen und Intoleranzen. Seine ethischen Grundsätze verweisen auf unsere christlichen Gebote und sind in der Aufforderung, unsere Nahrung in Ehrfurcht und Demut zu empfangen und dankend zu speisen, »vertrautes Gedankengut« – neu dargeboten.

So heißt es ohne Ideologie: »Der makrobiotische Weg ist kein religiöser Weg. Er kann aber als nichtreligiöse Religion verstanden werden. Er ist auch keine medizinische Wissenschaft, er kann als nichtmedizinische Medizin verstanden werden.«

In den letzten zehn Jahren wurden rund um die Welt unter der Leitung Mishio Kushis Zentren gebildet. Kushi arbeitet hauptsächlich in Boston, von wo schon oft intellektuelle Impulse in die Welt ausgingen.

Mishio Kushi hält an der Harvard-Universität Vorlesungen über orientalische Medizin und Philosophie. Das Gesundheitsministerium des Staates New York bestellte bei ihm Gesundheitspläne.

Heute setzt der sogenannte Ost-West-Bund die Lehre der Makrobiotik in die Praxis um. Er organisiert und kontrolliert weltweit Einkaufsmöglichkeiten, Tausende von Restaurants und Anbaugebiete, die nach organisch-biologischen Prinzipien bestellt werden.

Es entspricht unserem Zeitgeist, daß die Makrobiotik immer mehr Anhänger findet. Gängige Schlankmacher und Nulldiäten sind einseitig und machen krank. Und das Wichtigste: Ihnen fehlt der geistige Hintergrund, sie basieren nicht auf überprüfter Erfahrungsmedizin.

In der Makrobiotik wählt jeder seine Nahrung – der Jahreszeit, Konstitution und Arbeitsweise entsprechend. Der Wechsel von Yin und Yang findet in uns seine Balance durch eine harmonisierende Eß- und Lebensweise.

Die einseitige Auslegung der Naturwissenschaften mit ihrer Symptombehandlung in der Medizin ist in Frage gestellt. Das Gesetz des ewigen Wandels von Yin und Yang bestätigt sich nicht nur aus der Kulturgeschichte Asiens. Selbst Ovid sagt in seinen »Metamorphosen«:

> *»Es gibt nichts Beständiges im Universum. Alles ist Ebbe*
> *und Flut, jede Gestalt, die geboren wird, trägt in ihrem*
> *Schoß den Keim des Wandels.«*

So hat unsere übertriebene Wissenschaftsgläubigkeit eine heftige Gegenbewegung eingeleitet: Das Pendel schlägt aus zu einem Bedürfnis nach Spirituellem.

Joga – Meditation – Ta'i-Chi – das Erkennen höherer Welten, wie es die Meister des Ostens lehren, wird in zunehmendem Maße weitergetragen. Proportional dazu werden unsere Kirchenreligionen unattraktiv.

Lebendiges Handeln

*»Vollkommenheit gründet sich in natürlicher
Unverfälschtheit.«*

WEN TSE

Mitte der 80er Jahre erfuhr die Makrobiotik noch einmal eine Erweiterung. »Alles fließt« – auch die Beziehung zu unserer Umwelt ändert sich. Altes Gedankengut bleibt – doch der Anteil der Intuition nahm zu.

Intuition als Antwort auf das Herauswachsen aus den Instinkten einerseits und dem starren Befolgen von Diäten andererseits. Die persönliche Wahrnehmung ist gefragt, und in ihr die Verantwortung für die Natur, für deine und meine. Man könnte sagen, in der Makrobiotik haben sich Polaritäten versöhnt – Offenheit und Strenge stehen Spontaneität und Reflexion gegenüber. Dieser rote Faden der geistigen Einstellung verbindet Wissen und Wahrnehmung.

Die Makrobiotik wird leichtgemacht, sie soll Spaß machen. Aber ohne ethisches Bewußtsein würde sie zur In-Diät der 90er verflachen. Die natürliche Lebensweise, die eine Einheit von Körper und Geist betont und über den Tellerrand hinaus sucht, darf nicht zu einer egoistischen Lebensweise bzw. zum Selbstzweck verkümmern.

Zur natürlichen Lebensweise gehört die Gestaltung des Alltags, ob es sich dabei um Beruf, Krankheit oder Umwelt handelt. Jeder ist – und das war der Friedensappell Oshawas – aufgerufen, in seinem Rahmen global verantwortlich zu handeln: »Das Leben groß machen.« Alles beginnt im Kleinen.

Die undogmatische Makrobiotik

Auch rohes Gemüse ist heute durchaus in der Makrobiotik vertreten – Sprossen und das Zwölftagekraut. Jeder, der ein Yin-Bedürfnis hat oder ein zu starkes Yang balancieren möchte, der eine zu einseitige Ernährung mit Fleisch, Käse, Eiern abbauen will, kann das mit Rohkost tun. Auch hier ist die Balance das Ziel. Im Winter wird die kühlende Rohkost einen geringen Anteil haben, aber eine Handvoll Sprossen oder würzendes Grün werden im heißen Reis ihre Wirkung entfalten und Vitamine und Enzyme nicht verlieren.

Der Vorwurf, daß in der Makrobiotik zuviel gekocht wird, ist ernst genommen worden. Darum ist das Kochen heute auch sanfter geworden. In wenig Flüssigkeit, vorzugsweise im Sieb, wird gedämpftes Gemüse die Nährstoffe und den sogenannten Biß behalten.

Die Flüssigkeitsmenge, früher in der Makrobiotik streng als Minimaldosis verschrieben, ist heute auf den persönlichen Bedarf abgestimmt. Doch grenzt sich die Makrobiotik hier entscheidend gegen alle anderen Ernährungslehren ab, die zum Ausspülen der Giftstoffe zwei bis drei Liter Flüssigkeit täglich empfehlen. Allen Diätvorschriften ist gemein, daß sie sich allein am persönlichen Wohlgefühl messen lassen, an den Lebensumständen, am Klima. Viel Salz, eine Empfehlung von früher, gilt heute nicht mehr.

Miso, Shoyu, Tamari (eine Sojabohnensauce von besonders guter Qualität) werden kontinuierlich, aber sparsam verwendet. Und was den Durst angeht, mag man sich des Satzes von Gandhi erinnern: »Du sollst dein Essen trinken und dein Getränk kauen.«

Näher betrachtet ist die Makrobiotik heute eher eine individuelle Kost. Für Menschen, die sich mit ihrer Nahrung im Zen-Gedanken wiederfinden wollen: Nahrung soll dem Körper Kraft *geben,* nicht *nehmen.* Viele Diäten, ganz besonders solche mit hohem Proteinanteil, nehmen dem Körper Kraft durch die Verdauung. Ein käseüberbackenes Gratin, auch ohne Fleisch, ist ein Klotz im Magen. Richtige Ernährung führt dem Körper genügend Aufbaustoffe zu, ohne ihn durch übermäßige Verdauungsarbeit und verbleibende Schlacken zu belasten.

In der traditionellen Makrobiotik gab es Tabellen und Regeln für die tägliche Nahrung. In der undogmatischen Makrobiotik zählt allein das Körperempfinden und die aus der Beobachtung gewonnene Intuition.

Eine Vielfalt von Einflüssen verändert die Yin-Yang-Qualität eines Lebensmittels:

- Bodenbeschaffenheit
- Klima
- Düngung
- Reifegrad
- Frische, Lagerung
- Zubereitungsart

Yin und Yang wirken im Zusammenspiel. Sie sind nicht absolut.

Yin und Yang-Tabelle

Denken Sie immer daran, daß das Verhältnis Yin:Yang in der Zusammensetzung Ihres Essens stets 5 Teile Yin zu 1 Teil Yang sein sollte.

Yang		Yin	
mäßig	+	mäßig	*
stark	++	stark	**
sehr stark	+++	sehr stark	***

Fleisch/Geflügel

Fasan	+++	Taube	+	Rindfleisch	**
Eier	++	Huhn	*	Schweinefleisch	**
Truthahn	++	Hase	**	Frösche	**
Ente	++	Pferd	**	Schnecken	**

Fisch

Kaviar	++	Scholle	+	Karpfen	*
Rotbarsch	++	Forelle	*	Aal	*
Sardinen	++	Hummer	*	Tintenfisch	*
Hering	++	Heilbutt	*	Austern	*
Krabben	++	Muscheln	*		
Lachs	+				

Gemüse

				Artischocken	***
Klettenwurzel	++	Endivien	+	Bambussprossen	***
Löwenzahn-					
wurzel	++	Kopfsalat	+	Spinat	***

Yang		Yin	
mäßig	+	mäßig	*
stark	++	stark	**
sehr stark	+++	sehr stark	***

Wasserkresse	++	Löwenzahnblätter	+	Spargel	***
Huflattich	++	Weißkohl	*	Gurken	***
Mohrrüben	++	Linsen	*	Bohnen (außer Azuki)	***
Kürbis	++	Rote Rüben	*	Kartoffeln	***
Petersilie	+	Sellerie	**	Süßkartoffeln(Bataten)	***
Zwiebeln	+	Rotkohl	**	Tomaten	***
Steckrüben	+	Erbsen	**	Auberginen	***
Rettich	+	Knoblauch	**	Pilze	***
Grünkohl	+				

Getreide

Buchweizen	++	Vollkornweizen	+	Gerste	*
Hirse	+	Roggen	*	Korn	*
Reis	+	Hafer	*		

Milchprodukte

Ziegenkäse	++	Camembert	*	Sahnekäse	***
Ziegenmilch	++	Milch	**	Süßer Rahm	***
Holländer	++	Margarine	***	Saurer Rahm	***
Roquefort	+	Butter	***	Joghurt	***
Gruyère	+				

Früchte

Äpfel	++	Cashew	**	Bananen	***
Erdbeeren	+	Erdnüsse	**	Grapefruit	***
Kastanien	+	Mandeln	**	Mango	• ***
Kirschen	+	Birnen	***	Papaya	***

Yang				Yin		
mäßig	+			mäßig	*	
stark	++			stark	**	
sehr stark	+++			sehr stark	***	

Oliven	*	Melonen	***	Ananas	***	
Pfirsiche	**	Orangen	***	Limonen	***	
Haselnüsse	**	Feigen	***			

Verschiedenes

Schwarzes Sesamöl	+	Olivenöl	**	Schmalz	***
Maisöl	*	Erdnußöl	**	Melasse	***
Weißes Sesamöl	*	Safranöl	**	Honig	***
Sonnenblumenöl	*	Kokosöl	**		

Getränke

Ginseng	+++	Beifuß	+	Bier	**
Mu-Tee	++	Menthol	*	Wein	***
Yannoh					
(Ohsawa-Kaffee)	+	Thymian	*	Sekt	***
Kokkoh	+	Wasser		alle gesüßten	
		(Brunnenwasser)	*	Getränke	***
Chicorée	+	Sodawasser	*	Obstsaft	***
Bancha-Tee	+	Mineralwasser	*	Kaffee	***
				Tee (gefärbt)	***

Diese Tabelle ist nach M. Abhsera.

Gebote, Verbote?

Bei aller intuitiven Freiheit in der undogmatischen Makrobiotik: Aufklärung tut not. Über Nachtschattengewächse sollte nachgedacht werden. Tomaten, Paprika, Kartoffeln gehören dazu.

Die Kartoffel stammt als Wildkartoffel aus den Anden und wurde 1565 von Seefahrern eingeführt. Sie war zunächst, wie auch die Tomate, Kuriosität in botanischen Gärten. Mit dem Pflichtanbau unter Friedrich dem Großen wurde sie wegen ihrer Anspruchslosigkeit beliebt. Die Kartoffel verdrängte das Getreide und wurde in Deutschland wegen des reichen Ertrages und der einfachen Lagerung eines der wichtigsten Nahrungsmittel.

Ein langer Vorspann zum Gebot: Du sollst keine Nachtschattengewächse essen! Aus makrobiotischer Sicht sind die in den Solanaceae enthaltenen Alkaloide nicht für den Menschen ratsam. (Andere Alkaloide sind Koffein im Kaffee, Theobromin in der Schokolade und Nikotin im Tabak.)

Kartoffeln sind extrem Yin, wie auch die anderen Nachtschattengewächse, und sind durch eine Wärmebehandlung zu yangisieren (siehe Kapitel »Kochtechniken«) oder durch salzige Speisewürze zu ergänzen.

Kunst und Küche –
Zenmakrobiotik

*»Die Suche nach dem Weg bedeutet für einen Zen-
Küchenmeister, seine Ärmel aufzurollen und wirklich
zu arbeiten.«*

Kreativität ist »in«, und: man benimmt sich wieder! Da, wo in
der Familie kaum noch Zeit ist für eine gemeinsame Mahlzeit,
wächst auf der anderen Seite der Wunsch nach Sinn und Sitte bei
Tisch. Doch rettet uns der Rückgriff auf die Form?
Die Diätethik Oshawas stammt aus dem Zen-Kloster.
Zunächst: Was ist Zen? Sammlung des Geistes oder »Neugeburt
und Wandlung des Menschen aus der Erfahrung des Seins«. Zen
lehrt den Weg, uns aus der Macht des Egos zu befreien. Zen führt
zur Selbstverwirklichung und tötet das »kleine Herz«. Zen – ein
Weg der Erfahrung und der Übung, frei von Dogmen. Zen bedeutet, sich in jedem Augenblick des Lebens zu konzentrieren:

> *»Sorgfältig kauen heißt: Es ist unmöglich, Hunger zu
> haben. Man schöpft den Saft der Dinge aus.«*

Die Kunst des Bogenschießens, die Teezeremonie, die Tuschma-
lerei: Zen lehrt immer »eine auf Erfahrung gegründete und zu
besonderer Erfahrung hinführende Praxis«. So, wie es beim Bo-
genschießen nicht auf das Treffen ankommt, sondern auf die innere Haltung, so ist auch »die Kunst in der Küche« eine Übung,
um innerlich einen Schritt voranzukommen. Worte, Gedanken –
was zählt sind Taten, Handlungen, die täglich wiederkehren und
dennoch lebendig halten.
Der Zen-Mönch weiß um die Wirkung seines Handelns und seiner Nahrung. Er weiß um die Gesetze der Natur und entdeckt
sie in der Nahrung wieder. Ein jedes hat eine ihm adäquate Kraft

und muß wohldosiert »eingenommen werden«. Die Nahrung steht im Einklang mit unserer Persönlichkeit, dem Raum, in dem wir leben, und mit der uns aufgegebenen Arbeit. Die Nahrung hat größten Einfluß auf den Geist und die Seele.

Höchste Achtsamkeit ist im täglichen Wirken gefordert. In der Zen-Küche wäscht der Mönch jedes Reiskorn in Ehrfurcht, als sei es sein Auge, und putzt das Gemüseblatt, als diene es der Ehre Buddhas. Im einfachsten Reinigen und im Zubereiten wirkt die freudige Gesinnung des Zen.

> *Zen ist das im Menschen verwirklichte volle Bewußtwerden des Seins. Die Verwirklichung der heilen Welt in uns selbst.«*

In diesem Satz des französischen Zen-Meisters F. A. Viallet drückt sich Oshawas Anliegen für den Frieden aus. Oshawa betrachtete seine Ernährungsweise als notwendiges Vehikel, um uns zu harmonisieren und psychisch so zu stabilisieren, daß wir in Liebe mit uns selber und anderen leben können.

Zen-Speisen werden nach Gelegenheit und Jahreszeit zubereitet. Sie sollen Körper und Geist für die Zen-Meditation vorbereiten bzw. balancieren. Bitter, sauer, süß, salzig, mild und scharf sollen in den Speisen komplementär verbunden sein.

> *Denkt an den Deckel des Reistopfes wie an euren eigenen Kopf und glaubt, daß das Wasser für den Reis euer eigenes Leben ist.«*

Über Reis, Miso und Algen

Reis gehört zu Asien. Er prägt die Landschaft. Auf Terrassen im Wasser sehen wir ihn mit seinen zarten Rispen und unzähligen Seitentrieben gedeihen.

Reis ist von starker vegetativer Kraft. Seine Frucht, sein Korn, heißt es, vervielfältigt sich viele tausend Mal. Er wird mit der Dynamik des Mondes in Verbindung gebracht.

Doch – seit dem 8. Jahrhundert ist der Reis von Karl dem Großen in Europa eingeführt. Wie bei vielen importierten Waren dauerte es, bis der Reis heimisch wurde. Wer möchte ihn heute missen? Die Spanier essen ihn in der Paella, ihrem Nationalgericht, und seit Jahrhunderten ist der Reis in Italien, aber auch auf dem Balkan beliebt. Pilaw und Risotto, duftende Köstlichkeiten.

Reis hat eine besondere ernährungsphysiologische Eigenschaft. Im Gegensatz zu allen anderen Getreiden ist er mit sämtlichen essentiellen Aminosäuren ausgestattet. »Nur eine Handvoll Reis« – unvorstellbar als Tagesration, und doch war der Reis in Notzeiten oft einziges Nahrungsmittel in Asien. Sein kostbares Eiweiß durchdringt den ganzen Stärkekörper und vermischt sich mit den Kohlehydraten. Reis: leicht verdaulich – hoher Nährwert!

Ich liebe den Calasbara – den biologisch-dynamischen Reis. Er wächst heute in Italien und Spanien.

Im **Miso,** der vergorenen Sojapaste, können wir jenes klassische Nahrungsmittel entdecken, welches die notwendige Komplettierung im Protein zur Körnerernährung schafft.

Dank der guten Organisation des Ost-West-Bundes kann man heute in Bioläden und Reformhäusern ein biologisch einwandfreies Miso kaufen. Es wird aus einer Mischung aus Bohnen und Getreide ohne chemische Hilfsmittel und künstliche Erwärmung vergoren. Besonders hochwertiges Miso reift bis zu fünf Jahre und ist dann die Qualitätswürze schlechthin: Medizin.

Im Miso finden sich Heilkräfte, die uns auch durch die milchsäurevergorenen Gemüse bekannt sind. Sojabohnenpaste hat durch seinen Enzymreichtum und die B-Vitamine eine starke Wirkung auf unseren Soffwechsel. Miso ergänzt Reis mit vorverdautem Protein und hat wertvolle Salze und Öle.

Besondere Bedeutung bekam Miso im Zusammenhang mit Hiroshima. Ärzte verschrieben den Strahlengeschädigten Misosuppe und Misopflaster (Tuch mit aufgestrichener Misopaste) bei Verbrennungen. Es klingt unglaublich. Die Medizin wirkte: Miso heilt. Strahlengeschädigte, die sich konsequent an die Verordnung hielten, überlebten. Die Wissenschaft analysierte im Miso das Zybocolin. Dieser Stoff baut radioaktive Strahlen ab. Die Sojabohne erfährt in der Vergärung einen außerordentlichen Stoffwechsel und gedeiht zum Heilmittel. Mehr als ein Teelöffel voll am Tag sollte aber nicht gegessen werden. Vorsicht: Zum Erhalt der Enzyme Misopaste nicht mitkochen!

Miso ist die klassische Zutat in der Zen-Küche.

>>*Ein Teller Misosuppe pro Tag verringert bei Japanern das Krebsrisiko um 30%.*<<

JEAN CARPER,
NAHRUNG IST DIE BESTE MEDIZIN,
ECON-VERLAG 1989

Algen – auch hier Tradition! Seit alters her machten sie Menschen, die am Meer lebten, zu ihrer Mahlzeit. Algen galten, wenn sie selten waren, als Delikatesse und wurden neben Asien auch in Westeuropa (von Kelten und Wikingern) und im Mittelmeerraum gegessen. Jede Küste hat wohl ihr spezielles Wassergemüse, wie auch ihre unterschiedlichen Fische.

An Japans zerklüfteten Küsten gibt es eine enorme Algenvielfalt. Heute wird das natürliche Vorkommen durch Züchtung ergänzt, um der extremen Nachfrage nachzukommen. Die Produktion von Nori, jener hauchdünnen, papierartigen Alge, aus der die herrlichen Reisrollen mit Gemüse oder Fisch geformt werden, macht gewaltige Umsätze. Man rechnet, daß ein Japaner im Durchschnitt 96 Blätter im Jahr verspeist.

Algen besitzen eine Menge Nährstoffe. Sie enthalten 10 bis 20 % mehr Mineralstoffe als Gemüse vom Land. Hinzu kommt, daß der allgemeine Mineralgehalt unserer auf Form und Größe gezüchteten Gemüse stark abgenommen hat. Neben Kalzium, Eisen, Magnesium und Spurenelementen haben Algen vor allem Jod, welches ansonsten so schwierig zu gewinnen ist. Ferner enthalten Algen die Vitamine A, B, C, D_3, E, K und besonders Vitamin B_{12}, das für den Vegetarier so wichtig ist.

Aufkommende Zweifel, daß Algen wie Fische auch die Verunreinigung des Meeres absorbieren, sind nicht ganz berechtigt. Algen hören auf zu wachsen, wenn ein bestimmter Verschmutzungsgrad erreicht ist. Dennoch, es gibt Anlaß zum Nachdenken.

Algen haben eine weitere spezifische Eigenschaft: Sie können radioaktive und schwermetallhaltige Stoffe binden und als unlösliche Verbindung ausscheiden.

Seit vielen Jahren werden Versuche gemacht, Algen auch in Tanks wachsen zu lassen, um für die zunehmende Bevölkerung Nahrungsreserven zu schaffen. Warum nicht im Meer? Das Meer ist eine der ungenutzten Nahrungsressourcen. Die Japaner haben in den letzten Jahrhunderten ihre Landfläche ins Meer hinaus erweitert mit riesigen Flächen von Algenkulturen.

Die Volksmedizin wendet Seetang bei Verstopfung, Bronchitis, Asthma und Magengeschwüren an. Besonders Nori hilft gegen Magengeschwüre. Es heißt, Seetang reinige das Blut und stärke die Widerstandskräfte. In China und Ägypten gab es eine Tradition, die Braunalge zur Behandlung von Krebs zu verwenden. Der japanische Wissenschaftler Dr. Ichiro Yamamoto von der Kitasato-Universität in Kanagawa und Forscher der American Health Foundation belegen die krebsbekämpfende Wirkung von Algen.

Wissenschaftler der John A. Burns School of Medicine an der Hawaii-Universität in Honolulu stellten fest, daß Seetangsubstanzen Immunzellen aktivieren: Erfolge in Prophylaxe und Bekämpfung von Krebs.

Und was den Geschmack der Algen angeht – auch hier ein wenig Geduld! Sie schmecken intensiv nach Fisch und können zunächst als Würze genutzt werden. Wer einem Hinweis folgen möchte: 5 % sollte ihr Anteil ausmachen, nicht mehr.

Die Makrobiotik und die Gesundheit

*»Du hast mich gelehrt, Speise und Trank zu benutzen
wie Heilmittel, die ich einnehme, aber während ich von
der Beschwerde der Bedürftigkeit zur Ruhe in der
Sättigung übergehe, lauert in diesem Übergange selbst
die Begierlichkeit mit ihren Fallstricken ... Und während
der Zweck des Essens und Trinkens die Erhaltung des
Leibes ist, schließt sich als Begleiter der gefährliche
Genuß an ... und oftmals bleibt ungewiß, ob die notwendige Sorge für den Leib noch weitere Hilfe verlangt
oder die Begierlichkeit uns täuscht und der Genuß
bedient sein will.«*

AUGUSTIN,
BEKENNTNISSE, 10. BUCH, 31. KAP.

Ein Jahrhundert, ein Zeitgeist bindet sie zusammen. So wurden
sie gehört: Oshawa, Kneipp, Felke, Waerland, die großen Vor-
reiter der Naturmedizin. Alle fanden den Weg zum Heiler durch
die Überwindung eigener Krankheit. Sie entwickelten ihre Therapien und gaben sie aus Überzeugung und mit Inbrunst weiter.
Obwohl individuell verschieden, haben die Therapien einen ge-
meinsamen Nenner. Außer Waerland, der Kartoffelanhänger ist,
empfehlen alle eine Basis aus Hülsenfrüchten, Körnern und Gemüse aus biologischem Anbau. Da, wo die europäischen Heiler
mit Körpertherapien das Bewußtsein der Patienten angehen,
fordern Oshawa und seine Nachfolger die geistige Entwicklung;
ihr Prinzip heißt »Eigenverantwortung und Mitte«.
Die Makrobiotik wird bei schwerer Krankheit nicht den Arzt ersetzen. Aber sie schärft die Sinne und entwickelt die Eigenbeob-
achtung. »Das Leben ist groß«, läßt uns Oshawa immer wieder

wissen. Du kannst dich in Demut groß machen und dir selbst helfen. In Dankbarkeit für unser Leben werden wir sorgsam damit umgehen und mit gesundem Optimismus unsere Lebensqualität schlechthin verbessern.

Makrobiotische Nahrung ist unterstützende Heilkraft und beugt vor. Ein »Heilversprechen« kann sich nur jeder selbst geben.

Was Sie vor dem Einkauf berücksichtigen sollten

Bitte kaufen Sie keine industriellen Nahrungsmittel oder Getränke (gebleichter Reis, gebleichter Zucker, Flaschensäfte und Konserven).

Gemüse und Obst aus biologisch-dynamischem Anbau, gewachsen in Ihrer Umgebung, sind die idealen Nahrungsmittel und sollten der Jahreszeit entsprechen.

Einkaufsliste für unseren Vorrat

Buchweizen, brauner Reis, Weizen, Gerste, Hafer, Haferflokken, Roggen, Hirse, Grünkern (alle Vollkorngetreide).

Getreideprodukte wie Spaghetti (aus Weizen oder Buchweizen), Makkaroni, Nudeln.

Mehl: Vollkornweizenmehl, Reismehl, Roggenmehl, Maismehl, Gersten-, Buchweizen- und Sojamehl und was daraus hergestellt wird.

Getränke: Mu-Tee, Weizentee, Löwenzahnkaffee, Bancha-Tee.

Salzprodukte: Seesalz (grau oder weiß), Miso, Tamari, Umeboshi-Salzpflaumen, Tekka, Gomasio.

Öle: Sesam-Öl, Sonnenblumen-, Mais- und Distelöl (nur kaltgepreßt).

Fisch: Trockenfisch = Bonito.

Seegemüse: Agar-Agar, Nori, Hiziki, Wakame, Kombu.

Trockengemüse: Pilze (Shiitake).

Trockenfrüchte: Nüsse, Mohn, Sesamsamen, Leinsamen, Aprikosen, Rosinen, Bananen.

Gewürze: Thymian, Lorbeer, Ingwer, Muskat, Koriander, Zimt, Vanille, Comasio, Reisessig, Anis, Minze, Salbei, Ingwer.

Verschiedenes: Kuzu, Dentie.

Frische Zutaten wählen Sie aus der Speisenskala Yang-Yin.

Spezialitäten
der makrobiotischen Küche

Aduki (oder Azuki): kleine rote Bohnen

Agar-Agar: durchsichtige getrocknete Meeralgen. Sie werden hauptsächlich in Flockenform als Bindemittel benützt, sie gelieren bei 30 °C und können das 50fache ihres Eigengewichts an Flüssigkeit aufnehmen. Sie enthalten Jod, Eisen und Spurenelemente.

Bonito: steinhart getrocknetes Fischfilet. Es wird in Stücken verkauft und gehobelt für Suppen, zur Garnierung von Reis und Gemüse verwendet.

Comasio: zum nachträglichen Würzen bei der Mahlzeit anstelle von Salz. Es ist eins der klassischen makrobiotischen Gewürze und sollte jede Mahlzeit begleiten. Es besteht zu 90 % aus geröstetem, gestoßenem Sesamsamen und zu 10 % aus Meersalz. Man kann es ganz einfach selbst herstellen. Dazu stellen Sie eine Eisenpfanne auf mittlere Hitze und rösten den Samen und das Salz bis zur Bräunung.

Daikon: japanischer weißer Rettich. Sauer eingelegt gehört er neben Reis und Miso-Suppe zu den wichtigsten Bestandteilen der makrobiotischen Küche. Man sollte ihn unbedingt etwa zusammen mit der schwerverdaulichen Tempura essen.

Dentie: getrocknete, pulverisierte Aubergine, zur Zahnpflege.

Gluten: Weizenprodukt (siehe Getreide).

Harusame: Glasnudeln aus Sojamehl. Vor dem Gebrauch in warmem Wasser einweichen. Wunderbar zu Suppen, Salaten und Gemüsegerichten.

Hiziki: ein schwarzer, grasartiger Seetang. Er wächst an der Pazifikküste und wird als Gemüse gegessen.

Hokaido: Kürbis.

Ingwer: ganz besonders für Saucen in Verbindung mit Fisch geeignet. Ingwerknollen können Sie in einem Kästchen mit feuchtem Sand frischhalten.

Kaffee: Löwenzahnkaffee, Ohsawa-Kaffee.

Kasha: grob geschroteter Buchweizen.

Kombu: eine tief in der Arktis wachsende Alge, die besonders reich an den Vitaminen A und C ist. Es wird – wie Wakame – als Suppeneinlage verwendet.

Kuzu: Speisestärke, die aus der Wurzel der wildwachsenden Kuzupflanze, welche ca. 1 m lang wird, gewonnen wird. Diese weiße Stärke ist ungewöhnlich reich an Mineralien, Nährstoffen und Kalorien. Sie wird seit Urzeiten als Heil- und Kräftigungsmittel in der chinesischen Medizin verwendet. Kuzu eignet sich zum Andicken von Suppen, zur Verfeinerung von Pfannkuchen und Tempura. Verwechseln Sie Kuzu nicht mit dem Mehl aus angebauter Pfeilwurzel.

Lotuswurzeln: die Unterwasserstengel der Lotuspflanze. Sie haben ein geometrisches Lochmuster. Ein Gemüse, das früher auch als Lungenheilmittel benützt worden ist. Sie können Lotuswurzeln auch getrocknet kaufen.

Miso (Sojapaste): ein Produkt der Sojabohne, wächst aus dem Gärungsprozeß von Sojabohne, Seesalz und Getreide in 24 Monaten. In Japan ist Miso nicht nur eine Würze, sondern es wird wegen seines hohen Eiweiß- und Mineralgehalts als Nahrung bezeichnet. Man verwendet es außer zur Herstellung von Suppen auch zum Würzen von Saucen, Salaten und Gemüsen.

Nori (Meerlattich): Meergemüse. Über der Flamme geröstet wird Nori grün und knusprig, es wird über Suppen gebröckelt (sehr pikant). Die berühmten Reisbällchen der japanischen Küche werden mit Noristreifen umwickelt und bleiben dadurch wunderbar frisch (Vitamine A, B und B_{12}).

Öl: Distelöl, Sesamöl, Maisöl. Wir verwerten nur kaltgepreßte, hochwertige Öle. Viele Lebensmittel, ganz besonders alle Samen, aber auch Körner, Gemüse und Bohnen, sind Ölquellen. Öl ist in den meisten Fällen ein Hilfsmittel zur Garung und kein eigentliches Nahrungsmittel. Verwenden Sie Öl immer sparsam und nur so viel, wie unbedingt nötig. Wenn wir beispielsweise bei der Tempura viel Öl verwenden oder beim Sautieren die Gemüse viel Öl aufgenommen haben, so sollten wir die Mahlzeit durch geriebenen Ingwer, Meerrettich oder Rettich ergänzen.

Shiitake (getrocknete japanische Pilze): eine charakteristische japanische Zutat, die vor dem Kochen 20 Minuten eingeweicht wird, damit sie ihre ursprüngliche Größe erreicht. Das Einweichwasser weiterverwenden!

Shoyu: ist für die Makrobiotik besonders wichtig, weil es das Säure-Basen-Gleichgewicht der Lebensmittel wieder herstellt. Die Gärungsstoffe der Sauce sind unersetzlich für die Verdauung. Siehe Tamari-Shoyu.

Soba: japanische Buchweizennudeln; sie werden hauptsächlich in Suppen gegessen.

Sojabohne: neben dem Reis die Königin der asiatischen Küche, weil sie als Eiweißversorger das wichtigste Nahrungsmittel darstellt.

Tahini: Sesammus, eine grau-beige Masse, die Sie vor dem Gebrauch kräftig rühren müssen. Für Saucen und als Brotaufstrich ist das nahrhafte Sesamprodukt sparsam zu verwenden. Es ist reich an Phosphor, Eiweiß und Kalzium.

Tamari-Shoyu: (nicht zu verwechseln mit Sojasauce) ein Produkt aus gegorener Sojabohne, Weizen und Meersalz. Es entsteht nach einer Reifezeit von drei Jahren und wird nach einem 3000 Jahre alten Rezept hergestellt. Der Eigengeschmack der Sauce ist sehr stark, dennoch hebt er den spezifischen Geschmack der Gerichte.

Tee: Bancha-Tee (dreijähriger Blättertee) wird auf natürliche Weise hergestellt und ist frei von Tein. **Mu-Tee:** Nach alten Rezepten hat Prof. Ohsawa aus Wurzeln und Kräutern diesen Gesundheitstee zusammengestellt. Er wird in kleinen Teebeuteln verkauft und kann bis zu dreimal aufgegossen werden.

Tekka: trockenes, braunes Tafelgewürz, das aus einer Spezialzubereitung von Miso, Klettenwurzeln, Lotus, Karotten und Sesamöl entsteht.

Tofu (Bohnenquark): Sojaprodukt. Es wird in China seit Jahrtausenden als Fleischersatz gegessen. Als Beilage zur Suppe, gebraten oder im Sommer kalt wie unser Quark gegessen, ist Tofu die typische Zutat in der asiatischen Küche.

Udon: Fadennudeln aus Maismehl, auch für die Suppe.

Umeboshi-Pflaumen: Sind auch bekannt als Salzpflaumen, denn die asiatische Frucht wird getrocknet und je zweimal für ca. zwei Monate in Salz gelagert. Die Salzpflaume, als Medizin genommen, lindert Kopfschmerz und zum Abschluß des Essens hilft sie der Verdauung.

Wollen Sie Reis verwahren, dann legen Sie eine Pflaume in die Mitte, er wird sich gut halten.

Wakame: feiner, federartiger Seetang. Man findet ihn an der irischen und schottischen Küste.

Küchengeräte

Töpfe und Pfannen sollten aus Eisen, aus rostfreiem Stahl, aus Ton oder Glas sein.

Wok ist eine chinesische Bratpfanne mit hohen, schräg abfallenden Seiten, ideal zum Sautieren von Gemüsen.

Ein feines Sieb zum Waschen von Getreide, Bohnen oder Samen.

Tawashi: Mit dieser Bürste aus Naturborsten wird das Gemüse gesäubert (nicht schälen!).

Hocho, ein japanisches Allzweckmesser, wird Sie beim Schneiden begleiten.

Suribachi, der geribbelte Tonmörser mit hölzernem Stößel, ist zum Zerstoßen von Samen und Kräutern besonders wichtig.

Drucktopf. Alle Getreide behalten im Drucktopf ihre Nährwerte und werden besonders gut aufgeschlossen.

Ein großes Holzbrett. Die Zutaten der makrobiotischen Küche werden mundgerecht geschnitten. Das große Holzbrett sollte vor jedem Arbeitsgang gesäubert und gewässert werden.

Holzlöffel, Stäbchen und Holzspachtel sind besser als Metallgeräte in der Küche.

Durchschlag (Sieb), emailliert oder aus Bambus.

Asbestplatte, die beim Getreidekochen unter den Topf gelegt wird, verhindert das Anbrennen.

Auflauf- und Kuchenform aus Glas oder Keramik.

Pinsel. Alle Eisenpfannen und Töpfe sind vor dem Gebrauch mit Öl auszupinseln.

Getreidemühle ist eine besonders gute Anschaffung. Frisch gemahlenes Getreide hat den höchsten Nährwert.

Eine Friteuse zum Bereiten von Tempura.

Küchenkrepp zum Abtropfen des Fetts, wenn Sie Tempura backen.

Mixer oder Passiergerät.

Kochtechniken

Behandlung der Lebensmittel

Wir können unseren Lebensmitteln eine Yang- oder Yin-Tendenz geben.

• Yangisieren durch

1. Kochen, Backen, Rösten und Dextrinieren
2. Trocknen an der Luft
3. Salzen
4. Würzen mit bitteren Kräutern
5. Pressen oder Kochen im Drucktopf
6. Lagern und Reifenlassen

Allen diesen Prozessen ist gemein, daß sie Feuchtigkeit entziehen.

• Yinisieren durch

1. Abkühlen
2. Zugeben von Flüssigkeit
3. Säuern oder Süßen
4. Würzen mit wäßrigen Kräutern
5. Mahlen, Raspeln, Pürieren
6. Gären

Hierbei wird Flüssigkeit zugeführt.

• Rühren

Rühren Sie immer nur in eine Richtung, ruhig, sanft und gleichmäßig.
Rühren Sie mit Holzgeräten, nicht mit Plastik oder Metall.

● *Teigkneten*

Auch hier geschieht die Handarbeit in ausgewogenem Rhythmus, ruhig und gleichmäßig.
Teilen Sie den Teig in 2 Teile und verfügen Sie ihn immer wieder zu einem Teil.
Je häufiger Sie diesen Prozeß wiederholen, desto besser wird der Teig, und um so duftiger wird Ihr Brot.

● *Gemüse sautieren*

Erhitzen Sie einen Topf auf starker Flamme und pinseln Sie den Topf mit Öl aus.
Rühren Sie das gleichmäßig geschnittene Gemüse in den Topf und wenden Sie die Gemüsestücke so lange, bis die Poren geschlossen sind (wenn das Gemüse anbrennt, so gießen Sie etwas Öl nach).
Nach etwa 3 Minuten (Sie müssen die Strukturfestigkeit und die Schneidegröße des Gemüses bedenken) gießen Sie sehr wenig Wasser nach, reduzieren die Hitze und lassen Ihre Gemüse 10 Minuten simmern.
Die Flüssigkeit sollte verkocht sein, und die Gemüse sind innen saftig.
Für eine Sautierung (Nituke) sollten Sie alle Gemüse gleich groß schneiden.
Wenn Sie das nicht wollen, sautieren Sie die Gemüse getrennt und fügen Sie sie anschließend zusammen.

● *Tempura*

sind in Teig getauchte Nahrungsmittel (Gemüse, Fisch), die in heißem Öl bis 165 °C gebacken werden.

● *Blanchieren:*

Die Zutaten in kochendes Wasser geben, aufwallen lassen und dann unter kaltem Wasser in einem Sieb abschrecken.

● *Dextrinieren:*

Zur besseren Aufschließung von Getreide und Samen bei kleiner Flamme ohne Öl unter ständigem Rühren rösten.

● *Kochen:*

Grundsätzlich die große Flamme nur zum Ankochen benützen und den weiteren Kochvorgang auf kleiner Flamme weiterführen.

● *Wasser:*

Bitte immer nur vom Rand und in kleinen Mengen hinzugießen, so, wie man eine Blume gießt.

● *Rösten von Getreide:*

Erhitzen Sie eine Pfanne auf mittlere Hitze und geben Sie die gewaschenen Körner ohne Fett hinein. Mit einem Holzspachtel wenden Sie das Getreide in spiralförmiger Bewegung so lange in der Pfanne, bis es golden ist und zu duften beginnt.

Kochvorbereitungen und Schneidetechniken

Vorbereitungen

● *Gemüsewaschen*

Reinigen Sie Gemüse unter fließendem Wasser mit einer Natur-
bürste (nicht schälen).
Salate und Kohl lassen sich besonders gut mit einem kleinen Na-
turschwamm säubern. Schwenken Sie Kräuter, Broccoli, Blumenkohl und Kresse möglichst in Salzwasser, um sie von Insek-
ten zu befreien.
Lassen Sie Ihre Gemüse nie im Wasser liegen, weil sie andernfalls
verwässern.

● *Gemüseschneiden*

Tränken Sie ein schweres Holzbrett in Wasser, damit der Gemü-
sesaft nicht eindringt. Dann beginnen Sie, die Gemüse auf diesem Holzbrett zu schneiden.

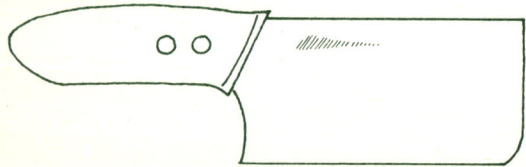

Das japanische Messer wird Ihnen bald vertraut sein. Anfangs
liegt es Ihnen schwer in der Hand, aber mit etwas Übung lernen
Sie, besonders dünn und exakt zu schneiden. Sie werden dieses
Messer überhaupt nicht mehr entbehren können.

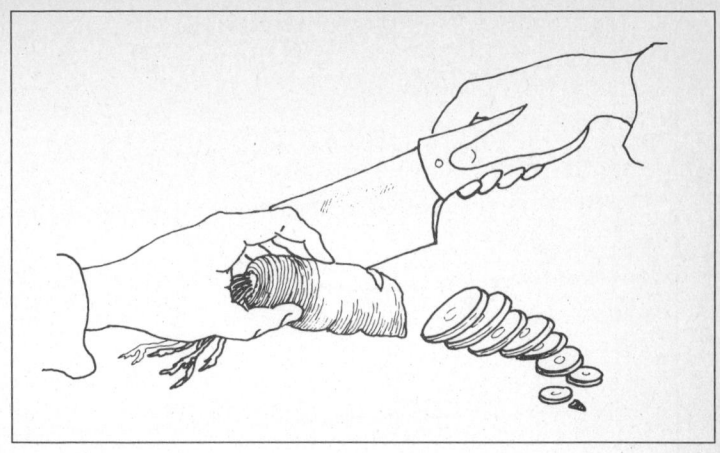

Mit der linken Hand halten Sie das Gemüse fest. Gleiten Sie wie auf der Zeichnung mit dem Messer an Knöchel und Nagel vorbei. Die rechte und die linke Hand müssen im gleichen Rhythmus arbeiten. Zerkleinern Sie ein Gemüse immer so, daß seine natürliche Form und Struktur erhalten bleiben. Je dünner ein Gemüse geschnitten ist, desto kürzer seine Garzeit.

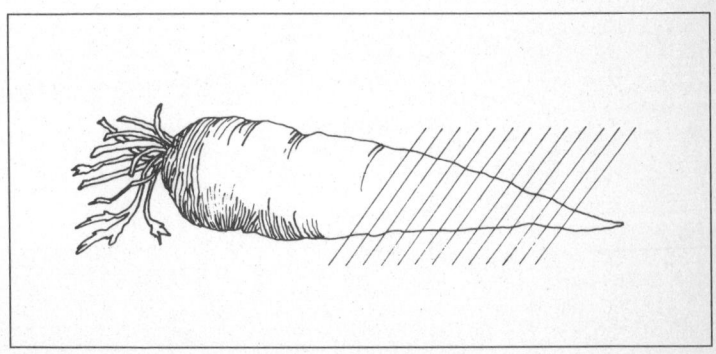

Möhren, Rettich, weiße Rüben und Zucchini werden diagonal in große Scheiben geschnitten.

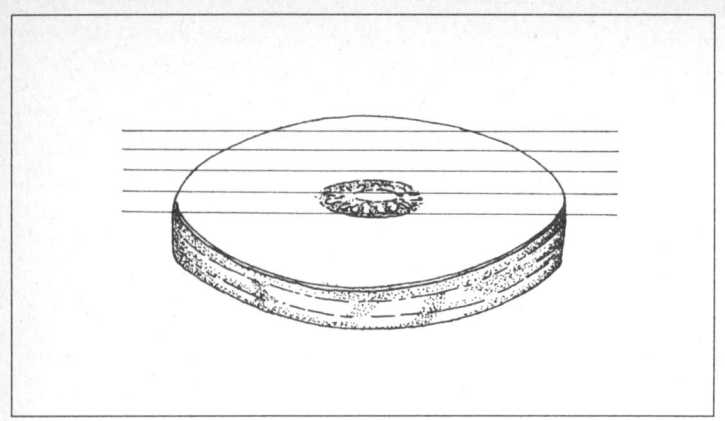

Wenn Sie diese Scheiben noch einmal in mehrere Teile schneiden, sind die Gemüse für die Nituke-Garung bereit (Streichholzgröße).

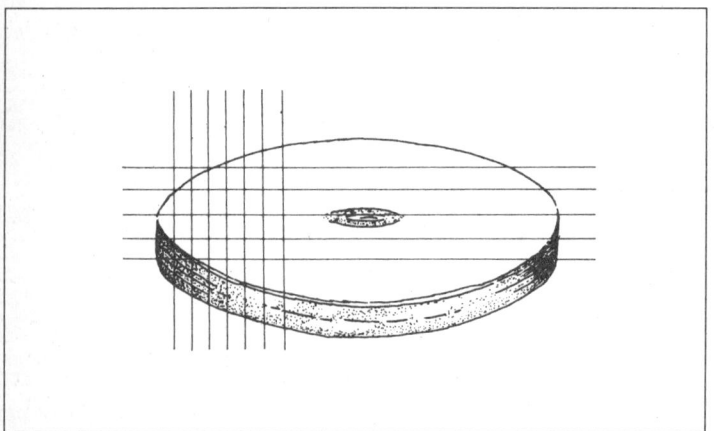

Schneiden Sie das Gemüse nun in Würfel, indem sie in Querrichtung noch einmal teilen.

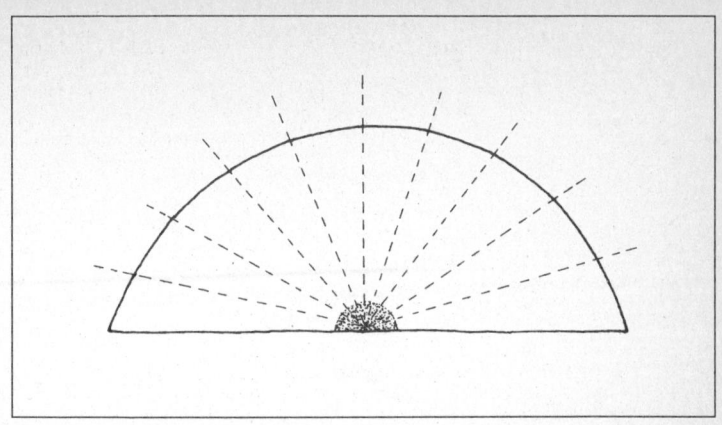

Zwiebeln: Schneiden Sie die Enden der Zwiebel ab und schälen sie. Halbieren Sie die Zwiebel von der Wurzel bis zur Spitze. Dann schneiden Sie die Hälften in dünne Scheiben fächerartig um die Wurzel herum.

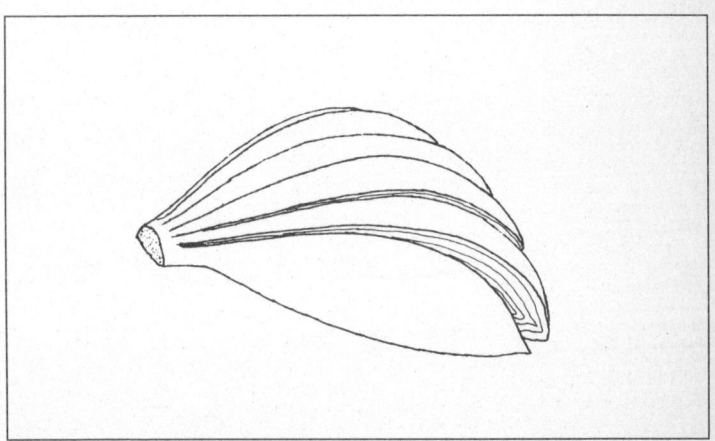

Schneiden Sie die Zwiebel in Scheiben, aber nicht bis zur Wurzel, damit die Zwiebel dort zusammengehalten bleibt.

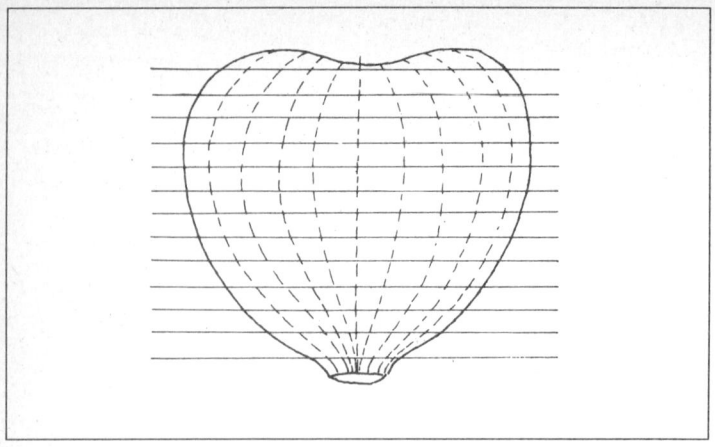

Dann schneiden Sie entgegengesetzt, und Würfel entstehen.

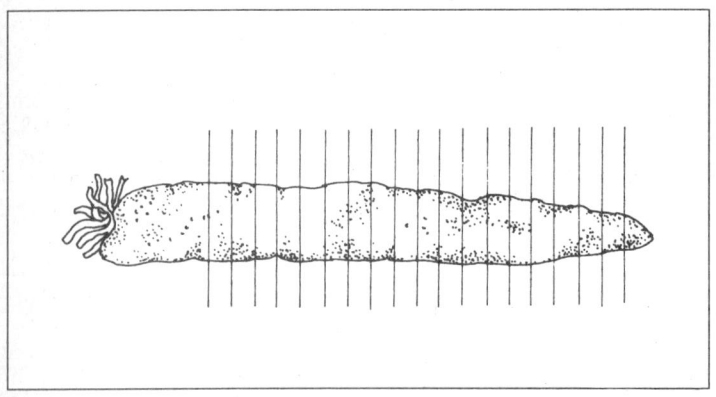

Schwarzwurzeln: Reinigen Sie das Gemüse nur mit einer Bürste, die Haut darf nicht verletzt werden. Schneiden Sie in gleichmäßige Scheiben.

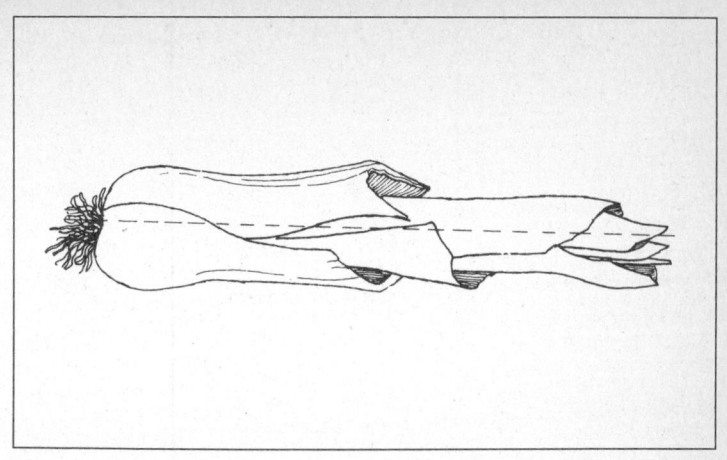

Lauch: Halbieren Sie den Lauch der Länge nach, bis er sich auf-klappen läßt, damit Sie den Sand herauswaschen können. Schneiden Sie dann diagonal, wie bei Karotten.

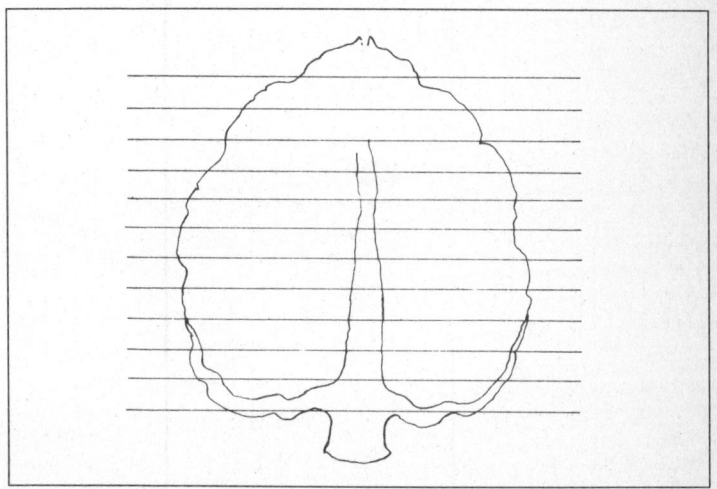

Kohl: Halbieren Sie den Kohl von der Wurzel bis zur Spitze. Jede Hälfte wird quer in sehr feine Scheiben geschnitten oder in Quadrate von 2½ bis 5 cm.

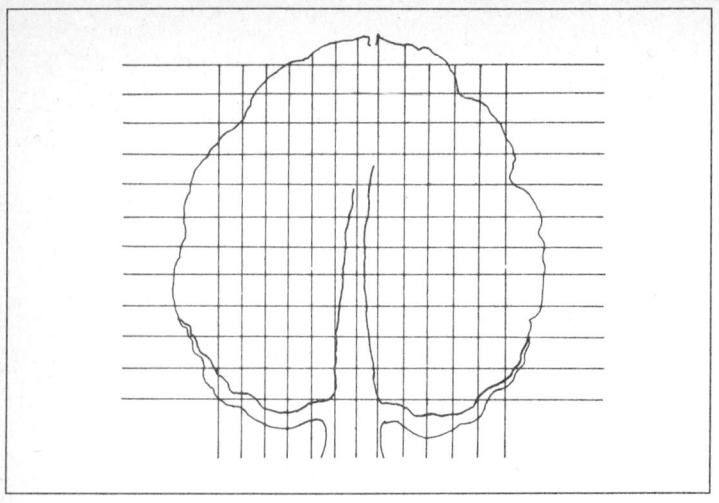

Kräuter schneiden Sie in beiden Richtungen ganz fein.

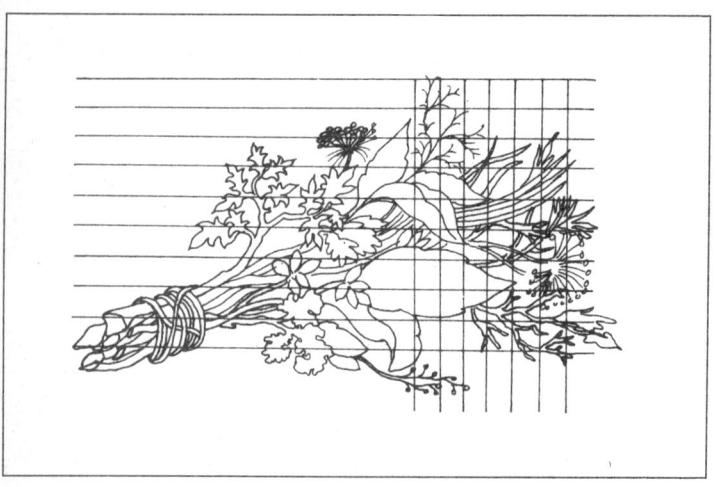

Waschen Sie Brett und Messer nach jeder Gemüseart, damit jede ihren Geschmack behält.

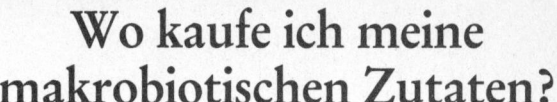

Wo kaufe ich meine makrobiotischen Zutaten?

In größeren Städten gibt es makrobiotische Geschäfte. Wenn Sie in Ihrer näheren Umgebung keine Einkaufsmöglichkeit finden, können Sie Ihre Zutaten bei der Jiro Nakamura, Ohsawa-Zentrale in 4000 Düsseldorf 30, Münsterstraße 225 bestellen.

In Reformhäusern und Spezialabteilungen von Kaufhäusern finden wir Gesundheitskost.

Fragen Sie immer wieder nach Ihren gewünschten Zutaten und nach ungespritztem Gemüse, damit die Nachfrage sich herumspricht und immer mehr Geschäfte sich auf Ihre Wünsche einstellen können.

Reisgerichte

Reis

Der Nobelpreisträger René Dubos entdeckte im ungeschälten Reis ein Nahrungsmittel, von dem wir ausschließlich leben könnten. Reis enthält fünf Teile Kalium (Yin) und ein Teil Natrium (Yang). Die Zusammensetzung von Reis ist also absolut harmonisch und liefert unserem Körper Energie, ohne die Organe zu belasten. Fast zwei Drittel der Weltbevölkerung ernähren sich mit Reis. Reis enthält stickstoffhaltige Fette und Mineralsubstanzen, Phosphor, Kalium, Schwefel, Natrium, Chlor, Magnesium, Kalk, Eisen, Fluor, Zink, Mangan, Arsen und Jod. Jedes Land der Erde hat das ihm eigene Getreide – Reis finden wir in China und Japan, Buchweizen in Rußland und im Baltikum, Mais und Bohnen bei Indianern und den frühen Siedlern Amerikas, Hafer und Gerste in Schottland.

Sie haben das angeborene Maß in Ihrer Hand; eine Hand voller Körner ist die Hälfte einer makrobiotischen Mahlzeit. Der Reis wird in einer Schüssel mit kaltem Wasser dreimal gewaschen. Mit kreisenden, sanften Bewegungen spülen Sie Staub und leere Hülsen an die Wasseroberfläche. Verlieren Sie kein Korn, denn jeder Samen schafft neue Frucht.

Der braune Reis hat sieben Häute: Die schützende Außenhaut ist kräftig, aber sie muß sanft geöffnet werden. Vor dem Kochen können Sie

1. entweder den Reis bis zu einer Nacht einweichen
   oder
2. den Reis auf dem Backblech anrösten
   oder
3. den Reis im Eisentopf mit Öl anbraten.

Gekochter Reis (Grundrezept)

---

2 Tassen Reis · ca. 4 Tassen Wasser

¼ TL Salz

Geben Sie Wasser und Salz in einen Topf. Bringen Sie das Wasser zum Kochen, stellen Sie die Flamme auf die kleinste Stufe zurück und lassen Sie den Reis bei fest geschlossenem Topf auf dem Herd, bis die Flüssigkeit ganz absorbiert ist (Sie können den Deckel mit einem Stein beschweren).

Oder stellen Sie den Topf nach dem Aufkochen bei milder Hitze in die Backröhre für eine Stunde zum Ausquellen.

Nach Ablauf einer Stunde gleiten Sie mit einem Stäbchen am Kochtopfrand zum Boden und prüfen, ob der Reis locker ist und am Boden eine leichte Kruste hat. Wenn ja, ist er ideal und hat seine ganze Qualität und Ausgewogenheit erreicht. Kocht man den Reis im Dampftopf, so nimmt man nur ein- bis anderthalbmal soviel Wasser wie Reis. Die Garzeit nach dem Aufkochen beträgt eine halbe Stunde.

Überprüfen Sie dieses Basisrezept, denn Hitze, Topf und Reisqualität sind sehr unterschiedlich.

Tamarireis

Fügen Sie dem Kochwasser Tamarisauce zu
(1 Tasse Reis = 1 EL Tamari).

Misoreis

Fügen Sie dem Kochwasser Miso hinzu
(1 Tasse Reis = 1 TL Miso).

Sushi-Reis

Reis nach Grundrezept kochen.

SAUCE:
1 Tasse Umeboshi-Saft (siehe Saucen)
1 Tasse Apfelsaft

Apfelsaft und Umeboshi-Saft aufkochen und unter den gekochten heißen Reis ziehen. Wundern Sie sich nicht über die viele Flüssigkeit, sie wird aufgesogen sein, wenn der Reis ausgekühlt ist. Sushi-Reis ist eine erfrischende Köstlichkeit für den Sommer.

Ergänzen Sie ihn mit sautierten Gemüsen, rohem Fisch, geraspeltem Rettich und mit allem, was Ihnen an heißen Tagen gut schmeckt.

Variante:

Shoyu-Reis

SAUCE:
½ Tasse Shoyu-Sauce
½ Tasse Grundbrühe

sonst wie oben.

Reis mit Gemüsen

Basisrezept Reis mit Seealgen, Möhren, Sellerie, Schwarzwurzeln, Blumenkohl, Porree, Kohl, Zwiebeln, Kräutern, Nüssen oder Sesamsamen, Sojabohnen, Pilzen, Mais.

Sautieren Sie die empfohlenen Gemüse in Fett und vermischen Sie diese Zutaten mit dem Reis (siehe Nituke).

Reisbällchen

---

4 Tassen gekochter Reis · Salz

---

4 Umeboshi-Pflaumen · ¾ Tasse Sesamsamen

Öl zum Fritieren

Die Umeboshi-Pflaumen in kleine Stücke schneiden. Formen Sie mit nassen Händen kleine (2 TL) Bälle und füllen Sie diese mit einem Stückchen Pflaume. Wälzen Sie die Kugel in Sesamsamen und fritieren sie 2 Minuten.

Variante: Die Reisbällchen werden mit über der Flamme gerösteten Nori-Streifen umwickelt und kalt gegessen, d. h., sie werden nicht fritiert. Sollte sich das Reisbällchen schlecht formen lassen, gießen Sie etwas Salzwasser über den Reis. Dieses Gericht erfordert einige Geduld.

Reis-Kroketten

Reis kochen: Grundrezept

---

1 Zwiebel · 1 Karotte

---

1 Tasse ungebleichtes Vollweizenmehl

---

1 Tasse Brotkrumen · Salz

---

1 EL Öl für das Gemüse · Öl zum Fritieren (Maisöl)

Karotte und Zwiebel sehr klein schneiden und sautieren. Brotkrumen, Mehl und alle anderen Zutaten mischen und mit nassen Händen zu handgroßen Ballen formen. In Maisöl 3–5 Minuten goldbraun fritieren. Lassen Sie das überschüssige Fett von den Kugeln auf Küchenkrepp abtropfen.

Gebackener Reis

2 Tassen Reis

4 Tassen Wasser · ¼ TL Salz

Den Reis waschen, kurz aufkochen und in dem vorgeheizten Ofen 1 Stunde bei 150 °C backen, bis das Wasser absorbiert ist.

Weicher Reis

1½ Tassen Reis

7 Tassen Wasser · ¼ TL Salz

Den Reis wie im Grundrezept beschrieben behandeln. Wenn Sie den Deckel öffnen, finden Sie keinen trockenen Reis. Diese Reiscreme ist ein wunderbares Frühstück.

Bancha-Tee-Reis

Kochen Sie den Reis in Bancha-Tee. (Dieser Reis wirkt bei Krankheiten sehr belebend.)

Gebratener Reis auf chinesische Art

2 EL Öl · 2 Möhren · 4 Schalotten

1 Zwiebel · 6 große Krabben · 3 Kohlblätter

4 Tassen gekochter Reis · Tamari

Alle Zutaten werden sorgsam geschnitten. Kochen Sie die Möhren wegen ihrer längeren Garzeit vorweg. Anschließend werden in einer Gußeisenpfanne, beginnend mit den Zwiebeln, alle Gemüse kurz sautiert. Reis und in Wasser aufgelöstes Tamari zugeben und mit einem Holzlöffel sanft mischen. Heiß servieren.

Reis mit Hülsenfrüchten

Man koche den Reis im Verhältnis 1 Tasse Hülsenfrüchte auf 4 Tassen Reis mit Aduki, Linsen oder Weizen. Achten Sie auf die unterschiedlichen Garzeiten der Zutaten.

Exotischer Reis

Reis kochen: Grundrezept

2 Tassen getrocknete Aprikosen
1 Tasse Rosinen · 1 Zwiebel
1 TL geriebener Ingwer · 1 geraspelte Möhre
1 Tasse geröstete Mandeln · 2 EL Öl

Weichen Sie die Trockenfrüchte 30 Minuten ein. Sautieren Sie kurz Möhren und Zwiebeln, dann die geweichten Trockenfrüchte schneiden und auch sautieren. Danach werden alle Zutaten gemischt. In einer geölten feuerfesten Form werden sie im vorgeheizten Ofen 30 Minuten bei 180 °C gebacken.

Reis und Kichererbsen

2 Tassen Reis
¼ Tasse Kichererbsen · 5 Tassen Wasser

Zuerst werden die Kichererbsen mit 5 Tassen Wasser auf kleiner Flamme ca. 50 Minuten gekocht. Dann geben Sie den Reis hinzu, schmecken ab und lassen wiederum ca. 50 Minuten kochen. 10 Minuten ziehen lassen, behutsam durchmischen. Sie können das Gericht schmackhafter machen, wenn Sie es mit frischen Kräutern servieren.

Aufgebratener Reis

---

2 EL Öl · gekochter Reis

---

2 gehackte Schalotten · 1 Blatt Nori (Alge)

---

2 EL Tamari

Die Schalotten in heißem Fett 2 Minuten sautieren. Den Reis einrühren und aufwärmen. Über einer Flamme wird ein Noriblatt geröstet, bis sich die Farbe ändert. Geben Sie das kleingeschnittene Noriblatt und die Tamarisauce in den Reis und vermischen Sie alle Zutaten. Der Reis kann serviert werden, wenn alle Zutaten durchgezogen sind.

Variante: Anstelle der Alge rösten Sie Kürbiskerne oder Sesamsamen in der heißen Pfanne (2 EL Sesamsamen oder 3 EL Kürbiskerne).

Reis mit Pilzen

Reis kochen: siehe Grundrezept

---

4 getrocknete japanische Pilze
oder 10 frische Champignons

---

1 TL Sesamöl · 1 TL Tamari

¼ Tasse heißes Wasser

Die Pilze werden 20 Minuten gewässert. Entfernen Sie die harten Teile und schneiden Sie die Pilze in gleichmäßige Stücke. Frische Pilze putzen und sautieren. Getrocknete Pilze in Wasser und Tamari ziehen lassen und vorsichtig unter den Reis ziehen.

Variante: Zerkleinern Sie eine Frühlingszwiebel, sautieren Sie diese ½ Minute in 1 TL Öl und geben Sie sie als Dekoration zu dem oben beschriebenen Gericht.

Reis mit Äpfeln

Reis nach Grundrezept kochen.

4 ungeschälte Äpfel, geviertelt
4 Umeboshi-Pflaumen
4 TL Sesampaste (Tahin)
5 TL Sesamöl

Dünsten Sie in heißem Öl Apfelstücke und Umeboshi-Pflaumen, fügen Sie Sesampaste hinzu und servieren Sie dieses Gericht an heißen Tagen.
Sie können das Gericht mit dem Reis verrühren oder es getrennt servieren.

Reis mit Kräutern

Reis kochen: siehe Grundrezept

1 Tasse Wasserkresse, geschnitten
1 Tasse gemischte Kräuter
½ Tasse geraspelte Möhren
5 TL Sesamöl
1 Prise Salz

Dünsten Sie diese Zutaten unter ständigem Rühren in heißem Öl ca. 2 Minuten und geben Sie sie dann zu dem Reis.

Variante: Wasserkresse und Kräuter werden durch 1 Tasse gehackten Spinat ersetzt und mit 1 EL Tamari-Sauce gewürzt.

Getreide und Mehlspeisen

Das geheimnisvolle Getreide

Getreide war das Grundnahrungsmittel unserer Vorfahren. In Mythen und Legenden, in der Bibel und in kultischen Handlungen hat der Mensch dieses Nahrungsmittel verehrt. In einer Pyramide wurde sogar Getreide gefunden, das noch keimfähig war; ein Zeugnis für die unendliche Kraft des Getreides.

Getreide richtig zu kochen ist eine Kunst. Jedes Korn muß nach dem Kochen gleichmäßig geöffnet sein und transparent scheinen. Deshalb empfiehlt es sich, Getreide zum besseren Aufschließen vor dem Kochen einzuweichen. Nach dem Kochen sollte man Getreide in der Backröhre oder in einer Kochkiste nachquellen lassen. Wir erzielen dann ein sehr körniges und lockeres Getreide.

HIRSE

Hirse kennt man schon sehr lange. Ihr kleines Korn enthält Kieselsäure, die für Haut, Haare und Knochen sehr gut ist.

Grundrezept für Hirse

2 Tassen Hirse · 2 EL Sesamöl
6 Tassen kochendes Wasser
½ TL Salz · Tamarisauce

Die Hirse wird in einem schweren Eisentopf in Öl geröstet, bis sie goldbraun ist. Bitte rühren Sie die Hirse sehr aufmerksam, damit sie nicht anbrennt. Dann gießen Sie vom Rand des Topfes kochendes Wasser hinzu und lassen es aufkochen. Bei geschlossenem Topf und niedriger Hitze ca. 30 Minuten köcheln lassen. Zum Schluß mit Tamarisauce abschmecken.

Variante: Hirse schmeckt auch sehr gut mit sautiertem Gemüse oder Kräutern. Besonders gut ist dieses Gericht mit gerösteten Nüssen.

Hirseklöße

Hirse gemäß Grundrezept kochen.

3 EL Sesamöl
½ Tasse Sojaquark (Tofu)
½ Tasse Haferflocken
Liebstöckel

Die nach dem Grundrezept vorbereitete Hirse mit diesen Zutaten 1 Stunde quellen lassen. Mit feuchten Händen die Klöße formen und sie so lange in kochendem Salzwasser garen, bis sie an die Oberfläche steigen. Sie können die Hirseklöße mit feingehacktem Liebstöckel garnieren.

Hirse mit Kürbis

1 EL Sesamöl · 2 Tassen Hirse
2 Tassen Kürbis, fein geschnitten
2 Zwiebeln, gewürfelt
frischer Dill, fein gehackt
5 Tassen Wasser · Tamari oder Salz

Sautieren Sie die Zwiebeln und den Kürbis in Sesamöl, geben danach 2 Tassen Hirse dazu, verrühren das Ganze. Dann geben Sie 5 Tassen Wasser hinzu und einige Tropfen Tamari oder eine Prise Salz, lassen alles kräftig aufkochen und 40 Minuten auf kleiner Flamme ziehen.
Zum Schluß bestreut man das Gericht mit frischem Dill.

BUCHWEIZEN

Essen Sie Buchweizengerichte im Winter. In dieser Jahreszeit wird Ihnen das herbe Getreide viel Kraft geben.
Kasha ist gerösteter Buchweizen, dieser läßt sich aber auch ungeröstet zubereiten. Wenn Sie Buchweizen selbst rösten wollen, geben Sie ihn in eine kalte schwere Eisenpfanne und rühren Sie ihn 10 Minuten lang bei mittlerer Hitze.

Grundrezept für Kasha

4 Tassen Wasser
2 Tassen Buchweizen, geröstet
1 TL Seesalz

Wasser zum Kochen bringen und Salz und gerösteten Buchweizen hinzufügen. Nach dem Aufkochen bei niedriger Hitze 20 Minuten köcheln lassen. Überprüfen Sie die Wassermenge, da Kasha sehr stark quillt. Wenn Flüssigkeit fehlt, gießen Sie heißes Wasser vom Rand her in den Topf nach.

Varianten: Servieren Sie Kasha mit sautiertem Gemüse oder kochen Sie es in einer Gemüsebrühe.

Kashabällchen

2 Tassen Kasha
3 EL Sesamöl
3 mittelgroße Zwiebeln
1 große Tasse geschnetzelte Pilze
1 Tasse zerkleinerte frische Petersilie
2 EL Sesamsamen
2 Tassen geraspelte Möhren
4 geschlagene Eier
Weizenmehl
Wasser
Öl zum Fritieren

Kasha wird nach dem Grundrezept gekocht. Zwiebeln, Möhren und zuletzt die Pilze in Fett dünsten. Den Topf vom Feuer nehmen, Sesamsamen und Petersilie untermengen. In einer Schüssel mischen Sie das leicht ausgekühlte Kasha, die gedünsteten Zutaten und die Eier. Geben Sie so viel Weizenmehl und Wasser hinzu, bis Sie eine formbare Konsistenz erhalten. Die Bällchen formen Sie mit nassen Händen, panieren sie mit Weizenmehl und fritieren sie, bis sie knusprig braun sind.

Buchweizen-Pfannkuchen

1 Tasse Buchweizenmehl
½ Liter Sprudelwasser
⅓ Tasse Vollweizenmehl
2 EL Sonnenblumenöl
Salz

Alle Zutaten mischen, ½ Stunde quellen lassen und in heißem Fett zu hauchdünnen Fladen ausbacken.

FÜLLUNG:
4 EL Öl · 2 Zwiebeln, zerkleinert
1½ Tassen zerkleinerter Kohl
1 Tasse feingeschnittene Petersilie
1 Zehe gepreßter Knoblauch
1 TL Kümmel

Sautieren Sie Zwiebeln und Kohl in einer Eisenpfanne, rühren Sie Knoblauch, Petersilie und Kümmel hinzu. Der ausgebackene Fladen wird nun mit dieser Füllung belegt, aufgerollt und serviert.
Diese Buchweizen-Pfannkuchen sollten heiß gegessen werden, schmecken aber besonders gut mit einer kalten Sauce.

GERICHTE AUS MEHL

Nudeln

Wenn Sie Getreide in sanfter Form lieben, so werden Ihnen Nudelgerichte mit Saucen besondere Freude machen. Udon sind Weizennudeln und Soba sind Buchweizennudeln.

Grundrezept für Nudeln

1 Pfund Nudeln · viel Wasser

Salz · 2 TL Olivenöl

Geben Sie die Zutaten, außer dem Öl, in kochendes Wasser und lassen Sie die Nudeln ca. 8 Minuten kochen. Dann lassen Sie die Nudeln abtropfen, schütten eine Tasse kaltes Wasser über sie, lassen erneut abtropfen und schwenken sie kurz in einer Kasserolle in heißem Öl. Nudeln lassen sich auch mit sautierten Gemüsen und gekochtem Obst ergänzen.

Hausgemachte Nudeln

2 Eier · ½ Tasse Wasser · 1 TL Salz

1½ Tassen Buchweizen- oder Weizenmehl

Verarbeiten Sie alle Zutaten in einer Schüssel langsam zu einem elastischen Teig.
Stellen Sie den Teig in einem luftdichten Gefäß für eine halbe Stunde zum Rasten.
Danach rollen Sie den Teig auf einer mehlbestäubten Fläche dünn aus, lassen ihn antrocknen und schneiden ihn in die gewünschte Form, etwa in Streifen oder Bänder.

Buchweizennudeln mit Gluten

---

1 Pfund Buchweizennudeln (Soba)

---

4 Streifen Gluten

---

3 Tassen Grundbrühe (s. Kapitel Suppen)

---

3 EL Shoyu · 1 TL Salz

---

ca. 12 grüne Bohnen

---

1 Möhre, diagonal geschnitten

---

3 Frühlingszwiebeln, fein geschnitten

---

2 EL Öl

Nudeln kochen. Das Gluten knapp mit Wasser bedecken und 5 Minuten weichen lassen. Dann bringen Sie es in die mit Shoyu gewürzte Grundbrühe und kochen es darin 5 Minuten. Die grünen Bohnen werden 3 Minuten in sprudelndem Salzwasser gekocht, über einem Sieb abgeschüttet und mit kaltem Wasser abgeschreckt. Auch die Möhrenstücke werden kurz blanchiert und zur Seite gestellt. Nudeln, Gemüse und Gluten werden in einer Kasserolle kurz sautiert und mit den frischen Frühlingszwiebeln garniert. Dazu können Sie eine Sojamarinade aus dem Saucenkapitel wählen.

Pizza

2½ Tassen Weizenmehl

½ TL Salz · 2 EL Öl · 1 Tasse Wasser

Alle Zutaten werden zu einem festen Teig verarbeitet, der 15 Minuten ruhen muß.
Der Teig wird dünn ausgerollt und auf ein gefettetes Backblech gegeben.

Pizzaauflage

2 EL Öl · ½ Tasse Zwiebeln, gewürfelt
2 Tassen Wasser · ½ Sellerie, gewürfelt
1 Tasse Spinat, blanchiert
2 Tassen Möhren, fein geschnitten
Salz · ½ Tasse Miso · 1 TL Ingwer, gerieben
½ Tasse Frühlingszwiebeln, fein geschnitten
½ Tasse grüner Pfeffer, in Streifen geschnitten
1 Tasse Tofu, gewürfelt

Topf erhitzen, mit Öl ausbürsten, Wasser hineingeben. Darin kochen Sie ca. 20 Minuten Zwiebeln, Sellerie, Möhren, Knoblauch und Salz sehr weich. Pürieren Sie das Gemüse und den blanchierten Spinat mit dem Mixer und fügen Sie Miso und Ingwer hinzu. In einer Pfanne die kleingeschnittenen Frühlingszwiebeln 2 Minuten sautieren und mit dem Gemüsepüree vermischen. Gemüsepaste gleichmäßig auf den Pizzateig verteilen, darüber die Tofustückchen. Backen Sie die Pizza im vorgeheizten Ofen bei 220 °C, bis die Kanten knusprig sind.

Crêpes

3 Eier · 1 Tasse Weizenmehl
1¼ TL Salz · 2 TL Maisöl, warm
2 TL Brandy · geriebene Zitronenschale
ca. 1½ Tassen Sojamilch oder Sprudelwasser

Alle Zutaten werden mit dem Mixer gründlich in der Reihenfolge des Rezepts verrührt. Ist der Teig sahnig, können die Crêpes in einer sehr heißen Eisenpfanne ausgebacken werden. Die Pfanne wird mit in Öl getauchtem Küchenpapier ausgefettet.

Füllungen

Crêpes können gegessen werden mit:
sautiertem Gemüse (hierbei keinen Brandy verwenden), püriertem Kürbis, Maronenpüree, Apfelmus, Tahin u. a. m.

Apfel-Pfannkuchen

2 Eier · 250 g Vollweizenmehl

0,3 l Sprudelwasser · etwas Salz

Pflanzenöl zum Ausbacken · 1 kg Äpfel

Sesamkerne zum Bestreuen

Schneiden Sie die Äpfel in dünne Scheiben und verquirlen Sie die übrigen Zutaten zu einem Pfannkuchenteig. In einer schweren Pfanne erhitzen Sie das Öl, gießen etwas Teig hinein und belegen ihn mit den Apfelscheiben. Garen Sie den Pfannkuchen bei mittlerer Hitze. Wenn er fest geworden ist, können Sie ihn mit Hilfe eines Tellers wenden, vergessen Sie aber nicht, zuvor noch etwas Öl in die Pfanne zu geben. Vor dem Servieren bestreichen Sie die Äpfel und streuen Sesamkerne darüber.

Apfel-Pie

2 Tassen Vollweizenmehl

2 EL Honig · 3 EL Öl

1 Messerspitze Zimt

FÜLLUNG:

1 kg Äpfel · 100 g Rosinen

Fetten Sie eine tiefere Auflaufform mit Öl ein. Da hinein füllen Sie die in grobe Stücke geschnittenen, ungeschälten Äpfel mit Kerngehäuse und streuen darüber die Rosinen. Die übrigen Zutaten kneten Sie zu Streuseln und bedecken die Früchte damit. Heizen Sie den Backofen auf 250 °C.
Nach 30 Minuten können Sie den Pie noch warm servieren.

Apfelkuchen

2 Tassen Roggenmehl
4 EL Öl
4–5 EL Honig
2–3 geriebene Möhren
100 g geriebene Mandeln
½ TL geriebener Ingwer
1 Prise Zimt
1 Prise Nelkenpulver
1 Messerspitze Natron
FÜLLUNG:
1 kg Äpfel
100 g Rosinen
2 EL Sesamkörner

Kneten Sie die Zutaten zu einem festen Teig. Den ausgerollten Teig legen Sie in eine mit Öl ausgefettete Backform. Bei 200 °C backen Sie den Boden 20 Minuten lang.
Für die Füllung schneiden Sie die Äpfel in grobe Stücke und dünsten sie zusammen mit den Rosinen und den Sesamkernen in einem geschlossenen Topf. Breiten Sie die Apfelfüllung erst nach dem Erkalten auf dem Kuchenboden aus.

Vollkornbrot

¾ l Wasser · 1 Würfel Hefe
600 g Weizenschrot
480 g Mehl (Roggen- oder Weizenmehl)
240 g Hirse, ungeschrotet · 1 EL Salz

Lösen Sie die Hefe in lauwarmem Wasser und mischen Sie aus den übrigen Zutaten mit der gelösten Hefe einen festen Teig. Dieser Teig reicht für zwei kleine Kastenformen. Geben Sie den Teig in die gefettete Form und lassen Sie ihn möglichst 30 Minuten lang zugedeckt stehen. Ritzen Sie dann die Oberfläche ein. Bei 220 °C im vorgeheizten Ofen bis zu 90 Minuten backen lassen.

Ungesäuertes Brot

2½ Tassen Weizenmehl
1½ Tassen Hirse · 1 Tasse Reismehl
½ EL Salz · 5 EL Maisöl · 3 Tassen Wasser

Mischen Sie Mehl und Salz in einer großen Schüssel, gießen Sie das Öl zu und verarbeiten Sie den Teig, indem Sie mit Ihren Händen das Wasser einarbeiten.
Ölen Sie die Backform und gießen Sie den Teig sanft ein. Lassen Sie ihn 20 Minuten ruhen.
Im vorgeheizten Ofen bei 220 °C sollte das Brot eine Stunde auf dem mittleren Rost backen.

Variante: Wenn Sie noch Reste von Haferflocken, Reis oder anderen Körnern haben, so können Sie diese kurz in der Pfanne rösten und in den Teig geben.

Sautieren Sie Gemüse und geben Sie dies zu dem Teig.
Mischen Sie 1 TL Zimt in den Teig und bestreuen Sie die Brotdecke mit Sesam.
Auch Erdnüsse, Rosinen und Korinthen sind eine leckere Veränderung.

Chapati

---

5 Tassen ungebleichtes Weizenmehl

½ TL Meersalz

1¼ Tassen Wasser

---

1 EL Öl

Rühren Sie Mehl und Salz in eine große Schüssel und gießen Sie so viel Wasser auf, daß Sie einen halbtrockenen, formbaren Teig erhalten.
Kneten Sie ihn, bis er geschmeidig ist. Teilen Sie den Teig in 15 Portionen und rollen Sie jede so dünn wie möglich auf einem mit Mehl bestäubten Brett aus.
Bereiten Sie zwei Pfannen vor:
eine Eisenpfanne zum Ausbacken der Teigfladen,
eine Pfanne, die bei mittlerer Hitze auf einer Asbestplatte steht.
Bräunen Sie die Chapati in der heißen Pfanne ca. 1–2 Minuten von jeder Seite, bis die Ränder kroß sind, und wechseln Sie dann in die andere Pfanne zum Nachgaren der Brotfladen (etwa 2 Minuten).
Dann werden die Chapatifladen sanft mit Öl bestrichen.

Variante: Chapatiteig kann auch aus ⅔ Maismehl und ⅓ Weizenmehl angerührt werden.
Mit Bohnen oder sautiertem Gemüse gefüllt, sind Chapati eine herzhafte Hauptmahlzeit.

Reisbrot

1½ Tassen gekochter Reis

3 Tassen gemahlener Weizenschrot

Salz · Wasser

Weizenschrot und Reis werden mit lauwarmem Wasser zu einem festen Teig geknetet. Je öfter Sie kneten, desto duftiger wird das Brot.

Am besten, Sie lassen den Teig über Nacht stehen, mindestens aber sollte er 7 Stunden rasten. Danach kneten Sie ihn noch einmal gründlich. In einer gefetteten Form sollte das Brot 1¼ Stunden bei Mittelhitze backen.

Reisbrot kann mit Kümmel, gemahlenem Fenchel, Koriander, Anis und gebräunten Zwiebeln gewürzt werden.

Gemüse

*»Der Mensch kann immer nur so gesund sein wie die Pflanzen,
die zu seiner Nahrung dienen.«*

In der Makrobiotik werden die Gemüse sautiert, in Miso gedünstet, gebacken oder gekocht. Sautieren bezeichnet man als *Nituke*. Durch die Behandlung erhöht sich der Eigengeschmack
der Gemüse, ihre Farbe wird intensiviert, und die Nährwerte
bleiben erhalten.

So wird es gemacht:

Schneiden Sie die Gemüse auf Streichholzmaß. Erhitzen Sie eine
Eisenpfanne und pinseln Sie diese mit Öl aus.
Rühren Sie die Gemüse ca. 3 Minuten in der Pfanne und stellen
Sie die Flamme dann klein. Wenn Sie das Gemüse in größere
Teile schneiden, erhöht sich die Garzeit entsprechend.
Bei festen Gemüsen (z. B. Möhren) gießen Sie etwas Wasser auf
und lassen das Gemüse bis zu 10 Minuten garen, würzen Sie mit
Salz oder Shoyu.
Die Nituke-Garung empfiehlt sich besonders bei: Möhren,
Broccoli, Sellerie, Klettenwurzeln, Zwiebeln, Steckrüben, Was-
serkresse, Brechbohnen und bei allen Blattgemüsen.

Chicorée

1 EL Sesamöl · 4 Chicorée, halbiert
2 EL Tahin · 2 EL Shoyu
2 EL Wasser
2 EL Petersilie, frisch gehackt

In einer Eisenpfanne wird bei milder Hitze der Chicorée ca. 4 Minuten sautiert.

Stellen Sie die Hitze ganz herunter und lassen Sie das Gemüse bei geschlossenem Topf 10 Minuten ziehen.

Verrühren Sie Shoyu und Tahin im Wasser und gießen Sie es vorsichtig vom Rand her in den Topf. Nochmals ziehen lassen und mit der frisch gehackten Petersilie bestreuen.

Gurke mit Shoyu und Dill

2 kleine Gemüsegurken
1 EL Öl · 1 EL Shoyu
½ Tasse Wasser
1 Bündchen Dill, fein gehackt
1 TL Kuzu

Halbieren Sie die Gurken, kappen Sie die Enden und schaben Sie mit einem Löffel die Kerne aus der Mitte.

Schneiden Sie die Hälften in fingerdicke Scheiben und sautieren Sie die Gurken in einer Kasserolle.

Verrühren Sie das Wasser mit Shoyu und 1 TL Kuzu und lassen Sie die Speise 10 Minuten köcheln.

Das Gericht wird mit dem feingehackten Dill überstreut.

Weiße Rüben

6 kleine Rüben · 3 EL Maisöl
¾ Tasse Grundbrühe (s. Kapitel Suppen)
½ TL Meersalz
¼ Tasse Frühlingszwiebeln, geschnitten
1 EL Tamari · 1 Prise Pfeffer

Raspeln Sie die Rüben und sautieren Sie sie 2 Minuten unter ständigem Rühren.

Gießen Sie die Grundbrühe auf, würzen Sie mit Salz und lassen Sie alles 5 Minuten köcheln.

Jetzt fügen Sie noch Tamari und die Frühlingszwiebeln hinzu und lassen das Gericht bei geöffnetem Topf 3 Minuten durchziehen. Mit Pfeffer abschmecken.

Sautierte Pilze

1 EL Öl · 12 Shiitake-Pilze, geweicht
1 EL Miso · 1 TL Shoyu
¼ TL frischer Ingwer, gerieben
½ Tasse Wasser
1 EL frisch gerösteter Sesamsamen

Erhitzen Sie eine Pfanne und sautieren Sie ca. 3 Minuten lang die Pilze.

Gießen Sie Wasser auf und lassen Miso, Shoyu und den geriebenen Ingwer zusammen 5 Minuten ziehen.

Rösten Sie den Sesam und streuen Sie ihn vor dem Servieren darüber.

Chinesischer Rettich

½ kg Rettich

---

2 Lauchzwiebeln, fein geschnitten

1½ EL Öl · 1 EL Tamari

Der Rettich wird geraspelt und auf Küchenkrepp entwässert. Dann sautieren Sie ihn in 1½ EL Öl ca. 2 Minuten lang, würzen ihn mit Tamari und servieren ihn, nachdem Sie ihn mit Lauchzwiebeln bestreut haben.

Variante: Das Rezept läßt sich auch sehr gut mit Kohlrabi oder Schwarzwurzeln ausführen.

Sautierter Salat

---

2 Köpfe Salat

---

1 Knoblauchzehe, gepreßt

---

3 EL Öl

---

1 TL Salz oder Tamari

Salat waschen. Je nach seiner Festigkeit schneiden Sie ihn in größere oder kleinere Stücke.
Dann lassen Sie ihn gut abtropfen und sautieren Sie den Salat kurz in einem Eisentopf.
Stellen Sie die Flamme klein und geben Sie den gepreßten Knoblauch, Tamari oder Salz hinzu und lassen Sie den Salat noch 2 Minuten ziehen.

Variante: Den Salat können Sie nach Belieben auch durch Brunnenkresse oder Kräuter ersetzen, wobei Sie genauso verfahren.

Hiziki und Lotus

---
1 Tasse Hiziki, geweicht (Seetang)

---
3 EL Sesamöl

---
1 kl. Lotusfrucht, in Scheiben geschnitten

Shoyu · Petersilie, gehackt

Die Hiziki werden gewaschen und ca. 1 Stunde mit so viel Wasser eingeweicht, daß sie bedeckt sind (Einweichwasser aufbewahren). Sautieren Sie die Lotusscheiben 2 Minuten in einer Eisenpfanne, gießen Sie das Einweichwasser und Hiziki dazu und kochen Sie alles auf kleiner Flamme 20 Minuten. Mit Shoyu würzen und mit Petersilie überstreuen.

Variante: Statt der Lotusfrucht schmecken auch Karotten sehr gut.

Wirsing – süß-sauer

½ kg Kraut · 1 Peperoni

½ Tasse Apfelsirup

½ Tasse Umeboshi-Saft

---
1 TL Salz · 3 EL Sesamöl

Schneiden Sie die gewaschenen Krautblätter von der Rippe her in 4 cm lange Streifen.
Entkernen Sie nun die Peperoni und schneiden Sie sie in schmale Ringe.
Peperoni und Kraut werden in einem Eisentopf sautiert und danach mit Apfelsirup, Umeboshi-Saft und Salz übergossen und 5 Minuten bei milder Hitze gegart.

Chinakohl mit Soja

½ kg Chinakohl · 4 TL Sojamehl
2 Tassen Wasser · 1 TL Kuzu
2 EL Maisöl · ½ TL Salz
½ TL Grundbrühe nach Wahl (s. Kapitel Suppen)

Der Kohl wird quer zur Rippe in 3 cm breite Streifen geschnitten. Das Sojamehl und Kuzu mit 1 Tasse Wasser auflösen. Jetzt sautieren Sie den Kohl in einem Eisentopf und geben vom Rand her die Grundbrühe hinzu. Den Kohl in der Flüssigkeit jetzt 6 Minuten köcheln lassen.
Zum Schluß schmecken Sie das Gemüse mit Salz ab und ziehen die Soja-Kuzu-Mischung unter. Alles zusammen nochmals 1–2 Minuten aufkochen lassen.

Variante zur Sauce: Statt des Sojamehls und der Tasse Wasser können Sie auch Sojamilch verwenden, die Sie in Reformhäusern erhalten, und Kuzu darin auflösen.

Hiziki mit Tamari

1 Tasse Hiziki (Seetang)
1 große Zwiebel · 2 EL Öl
1 EL Tamari · 1 EL Sesam, geröstet

Auf die gewaschenen Hiziki geben Sie so viel Wasser, daß sie bedeckt sind, und lassen sie darin 10 Minuten weichen. (Das Einweichwasser aufbewahren.)
Danach schneiden Sie die Hiziki in 5 cm lange Streifen und sautieren sie in heißem Öl.

Das Einweichwasser und Tamari geben Sie in den Topf und lassen die Algen 1 Stunde lang sanft kochen.
Bevor sie das Gericht servieren, überstreuen Sie es mit dem schon gerösteten Sesam.

Variante: Möhren oder Zwiebeln oder Selleriestücke sind eine köstliche Ergänzung zur Alge.
Diese Zutaten werden vor dem Garwerden der Hiziki kurz sautiert und dann mit dem Gekochten vermischt.

Möhrengrün mit Miso

4 Möhrengrün, sehr fein geschnitten
1 kleine geraspelte Möhre
1 EL Miso · 1 EL Öl

Sautieren Sie in einer Eisenpfanne die Möhren, dann das Möhrengrün ca. 3 Minuten.
Stellen Sie auf Mittelhitze, gießen Sie ein wenig Wasser hinzu, vor allem dann, wenn das Möhrengrün nicht mehr sehr saftig war, und garen ca. 5 Minuten.
Miso auflösen, zu dem Gemüse geben und alles 2 Minuten ziehen lassen.

Variante: Das Grün vom Rettich in Verbindung mit einem halben geraspelten Rettich, überstreut mit geröstetem Sesam, abgeschmeckt mit Shoyu, läßt sich genauso einfach bereiten.

Blumenkohl und Möhren
in Miso-Käse-Sauce

---

2 EL Öl · 2 EL Miso · etwas Pfeffer

½ Tasse Porree, in dünne Scheiben geschnitten

½ Blumenkohl, zerpflückt in Blümchen

---

1 Möhre, in Halbmonde geschnitten

---

3 EL Käse, gerieben · 2 EL Petersilie

Zuerst kochen Sie den Blumenkohl 10 Minuten lang vor, die Möhre 15 Minuten lang.

Danach erhitzen Sie das Öl, sautieren den Porree und rühren das aufgelöste Miso unter die vorgekochten Gemüse.

Lassen Sie alles zusammen 3 Minuten lang ziehen und servieren Sie das Gericht mit Käse und Petersilie überstreut.

Möhren-Apfel-Gemüse

---

10 Möhren · 3½ EL Öl

---

3 Äpfel, geviertelt · ¼ Tasse Wasser

---

3 Nelken · ¼ Tasse Meersalz

---

2 EL frische Minze, gehackt

Die Möhren bürsten und der Länge nach vierteln. Kochen Sie sie knapp bedeckt 15 Minuten lang in Salzwasser.

In einer Kasserolle dünsten Sie die Äpfel kurz in Öl, gießen dann das Wasser auf, fügen die Nelken hinzu und lassen alles 10 Minuten kochen. Gießen Sie die Möhren ab, nehmen Sie die Nelken aus den Äpfeln und stampfen Sie die Gemüse zu Mus. Servieren Sie das Gemüse, wenn Sie frische Minze darüber gestreut haben.

Schwarzwurzeln

6 Stangen Schwarzwurzeln

½ l Grundbrühe (s. Kapitel Suppen)

3 EL Sesamsamen · 3 TL Umeboshi-Saft

3 TL Sojasauce

Säubern Sie die Schwarzwurzeln mit der Bürste, denn es ist nicht gut, sie zu schälen.
Die Wurzeln werden in Stücke geschnitten, in Wasser gelegt und 3–4 Minuten gekocht.
Die Grundbrühe erhitzen, in der Sie dann die Schwarzwurzeln 2–4 Minuten kochen.
In einem Suribachi wird der Sesam gestoßen und anschließend ohne Öl geröstet.
Zu dem gemahlenen Sesam gießen Sie Umeboshi-Saft und Soja-Sauce und servieren Sie die Schwarzwurzeln in dieser Sauce.

Sojabohnensprossen süß-sauer

½ kg Sprossen · ½ Tasse Wasser

2 EL Tamari · 2 EL Apfelsirup

2 EL Wasser · 1 EL Sake

1 Frühlingszwiebel, sehr fein geschnitten

Die gut gewaschenen Sprossen werden in ½ Tasse Wasser 3 Minuten gekocht.
Tamari, Apfelsirup, 2 EL Wasser und Sake werden gemischt und über die Sprossen gegossen. Lassen Sie diese Zutaten kurz aufkochen und dann 2 Minuten ziehen.
Zum Schluß bestreuen Sie das Gericht mit der Frühlingszwiebel.

Kombu, fritiert

Kombu mit einem Tuch abreiben, in 4 cm lange Stücke schneiden, am besten mit einer Schere. 10 Minuten weichen und in Öl fritieren. Kombu schmeckt zu Reis und Nudelgerichten.

Gekochter Salat

2 Köpfe Salat
½ EL Miso
2 EL Umeboshi-Saft
1 EL Sesamöl
2 EL Sesamsamen, geröstet

Geben Sie den Kopfsalat in kochendes Wasser, lassen Sie ihn einmal kurz aufkochen, dann nehmen Sie ihn sofort heraus und übergießen ihn kalt.

Mit der Mischung aus Miso, Umeboshi-Saft und Sesamöl stellen Sie eine Sauce her und übergießen damit den Salat. Rösten Sie Sesamsamen in einer Pfanne und bestreuen Sie den Salat damit.

SEE-GEMÜSE

Uns sind Algen noch recht fremd; lernen Sie, mit ihnen zu kochen. Besonders im Winter, wenn wir oft auf Frischgemüse verzichten müssen, sind die Nährwerte der Algen für uns sehr wichtig. Sie gehören zu den wertvollsten Gemüsen, die wir haben, zumal sie Spurenelemente, Vitamine, Mineralien und Eiweiß enthalten.

Wakame mit Porree

1 Tasse Wakame · ½ TL Salz
2 Stangen Porree, fein geschnitten
1 EL Miso · 1 EL Tahin · 5 EL Wasser

Legen Sie die Wakame 15 Minuten in Wasser, dann müßte sie weich sein.

Lösen Sie dann die Mittelrippe heraus und schneiden Sie die weichen Teile in Stücke.

Den Porree in wenig Wasser ca. 2 Minuten aufkochen lassen und sofort in kaltem Wasser abschrecken.

In dem Einweichwasser werden Tahin und Miso aufgelöst und im Suribashi gemixt.

Mischen Sie Wakame und Porree und ziehen Sie die Tahin-Miso-Sauce unter das Gemüse.

Variante: Wakame können Sie auch noch auf folgende Weise bereiten:
1. in der Miso-Suppe
2. knusprig geröstet in schwimmendem Öl
3. in Wasser gekocht, kleingehackt und mit Shoyu in etwas Wasser gekocht
4. im Sommer als Salat

Gefüllte Kohlblätter

1 kleiner Kohlkopf
½ Tasse gehackte Zwiebeln
½ Tasse Sellerie, gehackt
½ Tasse Möhren, gerieben
½ Tasse Paprika, fein geschnitten
2 EL Öl
1 Tasse gekochte Adukibohnen
3 EL Weizenmehl
½ TL Salz
3 EL Tamari
1 EL Tahin
2 Tassen gekochter Reis
2 Tassen Béchamelsauce

Der geputzte Kohl wird 5 Minuten in kochendem Salzwasser gebrüht.

Lösen Sie die Blätter vorsichtig vom Strunk und lassen Sie sie kalt werden.

Sautieren Sie die gehackten Zwiebeln, Sellerie, Möhren und Paprika 3 Minuten in einer Kasserolle.

Pürieren Sie die gekochten Adukibohnen und bereiten Sie aus den sautierten Gemüsen und aus den restlichen Zutaten eine Farce (ohne die Béchamelsauce).

Ca. 2 EL dieser Mischung geben Sie auf ein Kohlblatt und bereiten daraus eine Rolle, die umwickelt wird.

Legen Sie die Wickel in einen gefetteten Topf, gießen Sie die 2 Tassen Béchamelsauce hinzu und backen Sie die Wickel bei geschlossenem Topf ca. 30 Minuten.

Variante: Füllen Sie die Kohlblätter mit

1 Bund Wasserkresse · ½ Pfund Spinat
1 Möhre, der Länge nach geviertelt
1 EL Sesamöl · 2 EL Pinienkerne
Shoyu

Brühen Sie die Möhre, die Wasserkresse und den Spinat mit kochendem Wasser ab, hacken Sie diese Gemüse in kleine Stücke. Sautieren Sie die Möhrenstücke 3 Minuten, geben Sie die grünen Gemüse hinzu, würzen Sie mit Shoyu und lassen Sie alles 5 Minuten mit einer Spur Wasser ziehen.

Nehmen Sie ein Kohlblatt, legen Sie zuerst ein Möhrenviertel in die Mitte und ummanteln Sie es mit den sautierten Gemüsen. Streuen Sie Pinienkerne und ein wenig geriebenen Käse darüber, rollen Sie das Kohlblatt zusammen und garen Sie das Gericht in einer gefetteten Tonform, mit Béchamelsauce übergossen, ca. 30 Minuten im Ofen.

Rote Beten, gebacken

12 kleine rote Beten · 1 Zwiebel, gehackt
2 EL Apfelsirup · ¾ TL Seesalz
¼ TL Paprika · 3 EL Öl

Die Beten werden mit einer Bürste gesäubert und sehr dünn in Würfel geschnitten. Dann werden sie in eine eingefettete Tonform gelegt und mit der feingehackten Zwiebel überstreut.

Mischen Sie das restliche Öl mit den Gewürzen und gießen Sie es über das Gemüse.

So wird es in geschlossenem Topf bei vorgeheiztem Ofen ca. ½ Stunde gebacken.

Buddhistisches Gemüsegericht

4 getrocknete Pilze
4 Stücke getrockneter Bohnenquark
1 Tasse frische Champignons
1 Tasse Tofu · 50 g Glasnudeln
½ Tasse Hiziki · kochendes Wasser
1 Tasse geschnittene Möhren
1 Tasse Chinakohl
1 Tasse gehackte Zwiebeln
2 EL Öl · 1 Tasse Bambussprossen
10 Nüsse nach Ihrer Wahl
3 EL Sojasauce · ½ TL Salz
1½ Tassen Wasser · 1 EL Sesamöl
Wasserkresse, gehackt

Die getrockneten Pilze einweichen und zerkleinern, den Bohnenquark bröckeln, 20 Minuten sanft kochen lassen und dann fritieren. Danach in 2,5 × 5 cm dicke Stücke schneiden.
Glasnudeln mit kochendem Wasser übergießen und 20 Minuten einweichen, diese dann in 10 cm lange Stücke schneiden.
Den frischen Tofu in 2,5 cm dicke Stücke schneiden. Hiziki waschen und 20 Minuten wässern. Chinakohl quer zur Rippe in 5 cm lange Streifen schneiden. Kohl, Zwiebel, Möhren, frische (halbierte) Champignons und alle anderen Zutaten entsprechend ihrer Garzeit nacheinander sautieren.
1½ Tassen Wasser zugießen und die Gewürze einrühren. Lassen Sie alles 10 Minuten köcheln, schmecken Sie es dann mit der Sojasauce ab und garnieren Sie das Gericht mit Wasserkresse.
Dieser Eintopf kann, wie alle anderen Eintöpfe, noch mit vielen anderen Gemüsen Ihrer Wahl erweitert werden.

Gemüse-Eintopf

½ kg Chinakohl
1 Tasse Glasnudeln
2 EL Öl
8 Miesmuscheln, durch Dampf geöffnet
1 Zwiebel, gehackt
1 Möhre, gehackt
1½ Tassen Grundbrühe (s. Kapitel Suppen)
½ Tasse Miso
4 Stengel Brunnenkresse, gehackt

Überbrühen Sie den in 4 cm große Stücke geschnittenen Kohl mit kochendem Wasser und schrecken Sie ihn dann sofort kalt ab.

In lauwarmem Wasser lassen Sie die Glasnudeln 20 Minuten ziehen und schneiden Sie sie in 10 cm Länge.

In einem Eisentopf sautieren Sie zuerst die Möhre und danach Kohl und Zwiebel, gießen dann 1 Tasse Grundbrühe darüber und lassen alles 10 Minuten simmern.

Ziehen Sie dann die abgetropften Glasnudeln unter und legen Sie die Muscheln auf die Oberfläche.

In dem Rest der Grundbrühe rühren Sie Miso an und würzen damit das Gericht.

In einer gefetteten Pfanne sautieren Sie Pilze und Kresse ganz kurz und überdecken damit das Gemüse vor dem Servieren.

Gefüllter Kürbis

1 kleiner Kürbis
1½ EL Sesamöl
½ Tasse Zwiebeln, fein gehackt
½ Tasse Kohl, fein gehackt
½ Tasse Möhren, fein gehackt
4 Krabben · 1 TL Sesamöl
½ Tasse Vollweizen · ¾ Tasse Wasser
1 EL Tamari
Salz
3 EL Käse, gerieben
frische Minze, fein gehackt

Sautieren Sie die Zwiebeln, den Kohl, die Möhren und die Krabben in einem Eisentopf.

Rösten Sie in einer Pfanne das Mehl mit dem Öl. Lassen Sie es abkühlen.

Verrühren Sie Tamari und Wasser mit dem gerösteten Mehl zu einer cremigen Flüssigkeit und gießen Sie diese über das sautierte Gemüse.

Halbieren Sie den Kürbis, schaben Sie die Kerne mit einem Löffel aus dem Gehäuse und gießen Sie das Gemüse mit der noch ungekochten Sauce in die Hälften.

Im vorgeheizten Ofen backen Sie die Kürbishälften auf einem gefetteten Untergrund bei 200 °C 45 Minuten.

Die Schnittflächen des Kürbis werden vor dem Backen mit Fett bepinselt.

Nach 35 Minuten Backzeit streuen Sie den Käse über den Kürbis.

Vor dem Anrichten garnieren Sie mit frischer Minze.

Hülsenfrüchte

Bis der Mensch lernte, Gemüse haltbar zu machen, waren die Hülsenfrüchte die Gemüse der Winterzeit. Hülsenfrüchte spenden uns Protein, Mineralien und Vitamine.

Grundrezept

In einem Topf mit kaltem Wasser werden die Hülsenfrüchte dreimal gewaschen.

Schalen und Staub, alles, was an die Oberfläche steigt, wird weggenommen.

Die Hülsenfrüchte sollten über Nacht, mindestens aber 6 Stunden, eingeweicht werden.

Wenn das Einweichwasser keinen bitteren Geschmack hat, benützen Sie es ruhig als Kochwasser.

Bringen Sie die Hülsenfrüchte 5 Minuten auf starker Flamme zum Kochen und stellen Sie die Flamme dann klein, lassen Sie die Hülsenfrüchte simmern, bis sie weich sind.

Die Wasserqualität und das Alter der Früchte bestimmen die Garzeit.

Alle Hülsenfrüchte können auch im Ofen gebacken werden und mit verschiedensten Gemüsen geschmacklich verändert werden. In der Regel dauert das Garen im Ofen bei 180 °C etwa 2 Stunden. Sehr pikant schmeckt übrigens kaltes Sauerkraut zu Hülsenfrüchten.

ADUKI

Die Adukibohne ist ziemlich teuer, weil ihre Ernteerträge nur sehr klein sind. In der asiatischen Heilkunde werden zur Gesundung und Stärkung der Nieren ein paar Löffel Adukibohnen pro Woche verschrieben.

Grundrezept für Aduki

1 Tasse Adukibohnen · 1 Stück Kombu
1 Zwiebel · ¼ TL Salz
1 Lorbeerblatt · Tamari · 4 Tassen Wasser

Legen Sie alle Zutaten in einen Topf und lassen Sie sie in 4 Tassen Wasser kochen. Nach 1 Stunde sollten die Bohnen weich sein, und sie können mit Salz und Tamari gewürzt werden.

Aduki-Pie

Teig aus Vollweizen (siehe Apfel-Pie)

FÜLLUNG:
½ TL Öl · 1 Zwiebel, kleingehackt
½ grüne Pfefferschote, fein geschnitten
½ rote Pfefferschote, fein geschnitten
1 kleiner Apfel, geschnitten · ½ Tasse Korinthen
½ Tasse gehackte Mandeln
1½ Tassen sehr weich gekochte Aduki
½ TL Salz · 3 EL Apfelsirup · ¼ TL Zimt

Zunächst geben Sie den bereiteten Teig in eine vorgefettete Kuchenform und kneten ihn auf dem Boden und an den Wänden hoch.

In der Größe der Backform modellieren Sie einen Deckel aus dem Teig.

Nun erhitzen Sie das Öl in einem Topf und sautieren zuerst die Zwiebel, dann die grüne, die rote Pfefferschote und den Apfel.

In einem großen Topf vermischen Sie Korinthen, Mandeln, Apfelsirup, Zimt und Salz mit den gekochten Adukibohnen und fügen dann die sautierten Gemüse hinzu.

Bevor Sie den Pie in den Ofen geben, legen Sie den Teigdeckel auf.

Lassen Sie den Kuchen im vorgeheizten Ofen so lange backen, bis er eine goldbraune Kruste hat.

Aduki mit Kürbis

1 Tasse Aduki, gekocht
250 g Kürbis, gewürfelt
2 EL Öl
Petersilie
Salz

Sautieren Sie den gewürfelten Kürbis und bereiten Sie daraus ein Püree.

Mischen Sie Aduki und Püree, schmecken Sie ab und bestreuen Sie das Gericht mit Petersilie.

Kichererbsen und Gemüse

---

3 große Shiitake (getrocknete Pilze)

---

2 EL Öl · 2 Zwiebeln, gehackt

---

1 Möhre, in Würfel geschnitten

---

3 Tassen gekochte Kichererbsen

¼ Sellerie, gewürfelt

---

1 Frühlingszwiebel, fein geschnitten

Während die Pilze weichen, schneiden Sie Zwiebeln, Möhren, Sellerie und schließlich auch die Pilze klein und dünsten alles zusammen in Öl an. Vermischen Sie diese Zutaten danach mit den gekochten Erbsen und lassen Sie alles zusammen nochmals ca. 20 Minuten köcheln. Nach dem Würzen mit Sojasauce bestreuen Sie das Gericht mit den Frühlingszwiebeln.

Aduki und Stangenbohnen

---

250 g Stangenbohnen

---

2 Tassen gekochte Adukibohnen

---

1 EL Öl · 1 kleine gehackte Zwiebel

½ Tasse gehacktes Bohnenkraut · 1 TL Salz

Die gewaschenen Bohnen geben Sie in kochendes Wasser, stellen die Flamme klein und lassen die Stangenbohnen ca. 8 Minuten köcheln. In einem Sieb schrecken Sie die Bohnen unter kaltem Wasser ab und schneiden sie dann in 3 cm lange Stücke.
In 1 EL Öl sautieren Sie die Zwiebel, fügen die schon gekochten Adukibohnen, das Bohnenkraut und die Stangenbohnen hinzu und lassen alles zusammen in ½ Tasse Wasser, in welchem Sie die Stangenbohnen gekocht haben, nochmals 3 Minuten ziehen. Dann schmecken Sie das Gericht mit Salz und Tamari ab.

Linsen

---

1 l Wasser · 2 Tassen Linsen

---

1 Zwiebel, gespickt mit 3 Nelken

---

1 Möhre, ganz · 1 Möhre, geraspelt

½ Tasse Sellerie, gewürfelt

---

2 Lorbeerblätter · Salz oder Shoyu

---

2 EL frische Minze, gehackt · 1 EL Öl

Geben Sie alle Zutaten außer den geraspelten Möhren in einen großen Suppentopf und kochen Sie 5 Minuten stark an. Stellen Sie die Hitze herunter und lassen Sie die Linsen bei kleiner Hitze 25 Minuten simmern.
In einer Pfanne sautieren Sie 3 Minuten die geraspelten Möhren. Mit der frischen Minze werden diese Möhren ganz kurz vor dem Servieren in das Linsengericht gegeben.

Weißer Bohnen-Salat

---

4 Tassen weiße Bohnen, gekocht

1½ Zwiebeln, sehr fein gehackt

---

2 EL frische Minze, gehackt

---

1 Knoblauchzehe, gepreßt

---

3 EL Öl · 3 EL Umeboshi-Saft

Shoyu · 1 Prise Pfeffer

Verquirlen Sie die Zutaten zu einer Sauce und gießen Sie sie über die gekochten weißen Bohnen.
Eine Stunde ziehen lassen.

Gebackene Schwarze Bohnen

---

1 1/2 Tassen Bohnen, geweicht

---

4 Tassen Wasser · 1/4 Tasse Miso

---

1 Zwiebel, gehackt · 1 1/2 EL Öl

---

1 Stange Porree, fein geschnitten in Scheiben

---

2 EL Bohnenkraut, gehackt

Kochen Sie die Bohnen nach dem Grundrezept. Sautieren Sie die Zwiebel und den Porree und fügen Sie das aufgelöste Miso zu dem Gemüse. Die Bohnen und das sautierte Gemüse werden zusammen in eine Keramikform gegeben und bei 180 °C im Ofen 3 Stunden gebacken.
Vor dem Servieren bestreuen Sie die Bohnen mit Bohnenkraut.

Kichererbsen mit Fisch und Reis

---

4 1/2 Tassen Wasser oder Grundbrühe
(s. Kapitel Suppen)

---

3 EL Sesamöl · 2 Tassen brauner Reis

---

2 Tassen gekochte Kichererbsen

---

1 Tasse Paprika, in feine Streifen geschnitten

---

1 Möhre, fein geschnitten

---

1 Tasse Krabben · 8 Muscheln

---

1 1/2 Zwiebeln, gehackt

---

2 Knoblauchzehen, gepreßt

Pfeffer · Salz und Safran

---

2 EL Petersilie, gehackt

In einer großen Kasserolle sautieren Sie die geschnittenen Gemüse, beginnend mit den Möhrenstücken, etwa 3 Minuten lang.
Gießen Sie das Wasser oder die Grundbrühe mit den Gewürzen hinzu.
Die Kichererbsen werden vorsichtig eingerührt.
Im vorgeheizten Ofen und bei geschlossenem Topf sollte das Gericht bei einer Temperatur von 150 °C ca. 30 Minuten backen.
Nach 30 Minuten lassen Sie den Topf im Ofen, rühren aber mit Stäbchen die Krabben ein und legen die gewaschenen Muscheln auf den Reis.
Zurückgeschoben in den Ofen, bleibt der Topf noch 10 Minuten in der Hitze, die Muscheln öffnen sich, und das Muschelwasser fließt in den Reis.
Dekorieren Sie den Reis mit Petersilie, bevor Sie servieren.

Algen (Seegemüse)

Die natürlich gewachsenen Algen sind reich an Jod und Mineralien.
Algen werden vor dem Kochen ca. 15 Minuten eingeweicht.
Beim Würzen der Algengerichte müssen Sie vorsichtig sein, weil
diese einen kräftigen salzigen Eigengeschmack haben.

Kombu

---

1 Streifen Kombu

---

ca. 20 ccm Wasser · Shoyu

Teilen Sie den Kombu so, daß jede Person zwei Stücke erhält.
Legen Sie die Kombustreifen in einen Topf und bedecken Sie sie
mit Wasser. Lassen Sie sie bei mittlerer Hitze 30 Minuten kochen. Dann würzen Sie sie und lassen sie so lange simmern, bis
die ganze Flüssigkeit verkocht ist.

Variante: Nach gleicher Vorbereitung können Sie Kombu in Öl
braten oder mit einer Salatsauce kalt servieren.

Nori

Nori wird nicht vorbereitet, sondern so, wie es ist, über einer
Flamme geröstet. Wenn das Noriblatt kroß ist, kann es mit den
Fingern gebröckelt werden. Es ist ähnlich wie Kräuter über Salate, Suppen, Reis oder Nudelgerichte zu streuen und ergibt
einen herben, salzigen Geschmack.

Hiziki mit Shoyu

30 g trockene Hiziki
1½ EL Sesamöl
3 EL Shoyu
1–2 EL Sesamsamen

Weichen Sie die Algen 15 Minuten und schneiden Sie sie in kleine Stücke.

Sautieren Sie sie 3 Minuten in einer Eisenpfanne und geben Sie nach und nach das Einweichwasser hinzu.

Lassen Sie die Hiziki 30 Minuten köcheln. Sie müssen weich und zart sein und sollten die Flüssigkeit absorbiert haben. Während des Kochens würzen Sie vorsichtig mit Shoyu.

Dann rösten Sie den Sesamsamen in einer Pfanne und rühren ihn gut, damit er gleichmäßig bräunt. Bestreuen Sie die Algen mit dem gerösteten Sesamsamen.

Variante: Hiziki lassen sich besonders gut mit sautierten Möhren, Sellerie, Porree oder Zwiebeln kombinieren. Ich schlage Ihnen vor, die Gemüse getrennt zu garen und kurz vor dem Anrichten zu mischen.

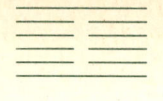

Suppen

Wir sind im Westen daran gewöhnt, zum Auftakt einer Mahlzeit eine Suppe zu essen. In der Makrobiotik hat die Suppe nicht die Funktion einer Vorspeise, sondern sie begleitet uns während des ganzen Essens.

Suppen mit reichen Einlagen können als Eintopf bezeichnet werden und somit als eine selbständige Mahlzeit.

Grundbrühen dienen zur Verfeinerung von Suppen, Saucen und Reisgerichten. Sie werden anstelle des Wassers benützt.

VERSCHIEDENE GRUNDBRÜHEN

Grundbrühe mit Kombu (Algen)

---

1 l Wasser

---

8 cm langes Stück Kombu

Reiben Sie mit einem Tuch vorsichtig Staub und Sand von der Alge, achten Sie aber darauf, daß Sie nicht die Salzkruste, die sich auf dem Kombu gebildet hat, entfernen. Dann legen Sie den Kombu in Wasser, lassen ihn kurz aufkochen und danach auf kleinster Flamme 5 Minuten ziehen.

Grundbrühe mit Pilzen

---

2 getrocknete Pilze

---

1 l Wasser

Weichen Sie die Pilze 5 Minuten ein, schneiden Sie sie dann in kleine Stücke.
Bevor Sie die Pilze in kochendes Wasser legen, vergessen Sie nicht, das Einweichwasser mitzuverwenden, damit nichts verlorengeht. 5 Minuten köcheln lassen.

Grundbrühe mit Gemüse

Bei diesem Rezept erinnern wir uns wieder an die Grundhaltung unseres Kochens. Gemüse in seiner Ganzheit akzeptieren heißt, alle Teile zu verwenden.

---

1 l Wasser

Gemüse Ihrer Wahl nach ihren Wünschen schneiden und entsprechend lange kochen.

Grundbrühe mit Bonito (Trockenfisch) und Kombu

---

1 l Wasser · 8 cm langes Stück Kombu

---

3 EL Bonito-Flocken

Den Kombu reinigen, ins Wasser legen und 3 Minuten ziehen lassen. Bonito reiben, auch ins Wasser geben und zusammen ca. 1 Minute kochen lassen.

MISO-SUPPE

In der makrobiotischen Küche finden wir die alte japanische Tradition, zum Frühstück eine Schale Miso-Suppe zu essen. Miso ist ein Gewürz, das sich sehr gut als Basis für Suppen und Saucen eignet. Es gibt verschiedene Miso-Sorten, die aus Soja, Gerste oder fermentiertem Reis vergoren sind. Dadurch bietet Miso verschiedene Geschmacksvarianten und findet sowohl für Suppen als auch für Saucen breite Anwendung.

Grundrezept für Miso-Suppe

1 l Wasser · ½ Tasse Miso

Kochen Sie das Wasser, entnehmen Sie etwas kochendes Wasser und lösen Sie damit das Miso etwas auf. Geben Sie es zurück in den Topf, nach ganz kurzem Aufkochen ist die Suppe fertig.
Dekorieren Sie die Suppe mit Kräutern, Ei oder einem Stückchen Gemüse.
Anstelle des Wassers können Sie auch die an anderer Stelle beschriebenen Grundbrühen verwenden. Diese eignen sich außerdem auch sehr gut als Basis für Sauce und Eintopf.

Miso-Suppe: Gemüseeinlagen

Sie können jedes Gemüse in eine Miso-Suppe geben. Besonders gut sind zwei Gemüse, die sich im Geschmack ergänzen:
- Kürbis und Lauch,
- Zwiebel und Weißkraut,
- Zwiebel und weiße Rübe,
- Rettich und Lauch,
- Rettich und Schwarzwurzel,
- Rettich und Chinakohl,
- Möhre und weiße Rübe,

- Möhre und Kombu,
- Wakame und Porree,
- Wakame und weiße Rübe,
- Wakame und Sellerie,
- Wakame und Chinakohl,
- Schwarzwurzeln und Lauch,
- Schwarzwurzeln und Sojakäse,
- Schwarzwurzeln und Möhre,
- getrocknete Pilze und Frühlingszwiebeln,
- getrocknete Pilze und Sojabohnensprossen.

Rechnen Sie bitte für 1 Liter Misosuppe (siehe Grundrezept) 1 Tasse sautierte Gemüseeinlage.
So wird es gemacht:
Gemüse schnetzeln und sehr kurz sautieren, dann heiß auf die Suppenoberfläche geben. Die Gemüsekombinationen, in denen Pilze und Algen vorgeschlagen sind, dauern etwas länger, weil die Einweichzeit von ca. 10 Minuten hinzukommt.
Im Sommer sollten die Gemüse knackig sein, im Winter weich.

Muschelsuppe

250 g Muscheln · 5 Tassen Wasser
¾ Tasse Miso (weiß) · ½ TL feingeriebener Ingwer
250 g Tofu (Bohnenquark) · Dill

Die Muscheln werden in Wasserdampf geöffnet (nicht gar kochen), geviertelt und in kochendes Wasser gegeben. Verrühren Sie das Miso mit Wasser und geben Sie es in den Topf, dann lassen Sie es 10 Minuten simmern. Gut rühren und vorsichtig das Stück Tofu in die Mitte des Topfes legen. Fügen Sie den Ingwer hinzu und lassen Sie alles sanft für 3 Minuten aufkochen. Der Tofu darf nicht verkochen oder auseinanderfallen.
Garnieren Sie diese Suppe mit feingehacktem Dill.

Hirsesuppe

½ Tasse Hirse
1 Tasse geschnittene Zwiebeln
½ Tasse Tahin · ½ Tasse gehackte Sellerie
1 l Wasser · ¼ Tasse Miso
1 Blatt Nori, geröstet (Alge)

Rösten Sie die gewaschene Hirse in einer Pfanne. Legen Sie in Schichten Sellerie und Zwiebeln in einen Topf. Streuen Sie dann die geröstete Hirse oben auf und geben Sie in kleinen Schüben das lauwarme Wasser hinzu. Nicht umrühren. 15 Minuten auf kleiner Flamme kochen lassen. Vermischen Sie Tahin und Miso mit ein wenig lauwarmem Wasser und geben Sie es vom Rand her hinzu. Noch 5 Minuten ziehen lassen.
Nori über der Flamme rösten. Wenn das Blatt kroß ist, zerbrökkeln Sie es über der Hirsesuppe.

Gemüsesuppe

2 Zwiebeln, gehackt
3 Kohlblätter, in feine Scheiben geschnitten
2 kleine weiße Rüben, in Würfel geschnitten
2 EL Öl · 1 EL Tahin
1 Möhre, geraspelt
5 EL Reis, geröstet
1 Lorbeerblatt
1 EL Petersilie
1,5 l Wasser

Sautieren Sie alle geschnittenen Gemüse in einer Kasserolle. Fügen Sie den Reis, die Möhre und das Lorbeerblatt hinzu und lassen Sie alles 40 Minuten im Wasser gar kochen. Dann schmekken Sie mit Miso ab und bestreuen vor dem Servieren die Suppe mit Petersilie.

Apfelsuppe

2 EL Sonnenblumenöl
2 Zehen Knoblauch
3 EL Weizenmehl
1 EL Apfelsirup (s. Saucen)
1 EL Reiswein
4 Tassen Gemüsebrühe
Salz · Pfeffer
½ TL geriebener Ingwer
¾ Tasse Sojamilch
1 EL feingeschnittener Lauch
2 Äpfel

Dünsten Sie die Knoblauchzehen ganz kurz, nehmen Sie den Topf vom Feuer und kühlen Sie ihn ab.

Zwischenzeitlich verrühren Sie das Mehl in Sirup und Wasser zu einer weichen Mischung; geben Sie diese mit der Gemüsebrühe in den Topf.

Nun lassen Sie bei kräftigem Rühren alles gut aufkochen. Auf kleinste Stufe stellen, Reiswein, Sojamilch und Gewürze zufügen und 5 Minuten ziehen lassen.

Das gibt Ihnen Zeit, die Äpfel zu schälen, sie in Stückchen zu schneiden und 2 Minuten in Öl zu sautieren. Geben Sie die Suppe in Ihre schönsten Tassen und legen Sie die Apfelstücke mit einem Löffel in die Mitte.

Reissuppe

2 Zwiebeln, fein gehackt
¼ Sellerieknolle, geraspelt
2 Möhren, geraspelt
1 Tasse Reis, angeröstet
1,5 l Gemüse-Grundbrühe
1 Lorbeerblatt
Tamari zum Würzen
Basilikum, gehackt
2 EL Maisöl

Die Zwiebeln werden in Öl sautiert, fügen Sie Möhren und Sellerie hinzu. Dann füllen Sie dies mit 1,5 Liter Gemüse-Grundbrühe auf und geben den Reis dazu, dann die Gewürze. Lassen Sie alle Zutaten außer der Petersilie bei sanfter Hitze 20 Minuten köcheln.
Zum Schluß streuen Sie die Petersilie über die Suppe.

Spinatsuppe

1 kg Spinat
½ Tasse gehackte Zwiebeln
3 EL Maisöl
1 EL Sesamöl
1 l Kombu-Grundbrühe
½ TL frisch gestoßener Pfeffer
1 EL Sesamsamen
1 Prise Muskatnuß

Trocknen Sie den gewaschenen Spinat sehr sorgfältig, weil er anschließend sautiert wird. Zunächst werden die Zwiebeln in einem großen Eisentopf goldbraun gedünstet. Der sehr fein geschnittene Spinat wird hinzugegeben und vorsichtig gerührt, bis er das Öl aufgesaugt hat und zart ist. Jetzt nehmen Sie den Topf vom Feuer und passieren Spinat und Zwiebeln durch ein Sieb. Nun geben Sie die vorgefertigte Kombu-Brühe in einen Topf und fügen Spinat sowie alle anderen Gewürze hinzu und lassen sie langsam zum Kochen kommen.

Diese Suppe kann heiß gegessen werden, schmeckt aber im Sommer ganz besonders gut kalt.

Grünkernsuppe

1 l Suppenbrühe
100 g Grünkernschrot
¼ Sellerie, in Stückchen geschnitten
3 EL Sonnenblumenöl
1 Möhre, in Würfel geschnitten
Petersilie und Tamari

Sautieren Sie die Gemüse, geben Sie den Schrot hinzu und glasieren Sie ihn mit.
Gießen Sie mit Suppenbrühe auf und lassen Sie alles auf mittlerer Hitze ½ Stunde kochen.
Suppe mit Tamari abschmecken und mit Petersilie bestreuen.

Haferflocken-Linsen-Suppe

1 Tasse Linsen · 7 Tassen Wasser
1 Möhre, in Stückchen geschnitten
½ Tasse Zwiebeln, gehackt
½ Tasse Sellerie, gewürfelt
1 Knoblauchzehe, gepreßt
½ Tasse Sonnenblumenkerne
½ Tasse Haferflocken
½ Weizenbrot, fein gebröckelt
1 TL Salz · 1 Lorbeerblatt
frische Minze, fein gehackt

Die Linsen sorgfältig waschen und über Nacht einweichen. Entnehmen Sie dem Einweichwasser 5 Tassen und kochen Sie die Linsen darin ca. 30 Minuten. In einem anderen Topf kochen Sie alle übrigen Gemüse in 2 Tassen Wasser 20 Minuten. Dann schütten Sie die gegarten Gemüse auf ein Sieb, lassen sie abtropfen und geben sie zu den Linsen.

Pürieren Sie in einem Mörser die Sonnenblumenkerne, indem Sie das zurückgebliebene Gemüsewasser hinzufügen. Jetzt wird das Püree in die Linsensuppe gegeben.

Haferflocken und Brotkrumen einrühren und 15 Minuten köcheln lassen.

Garnieren Sie die Suppe mit frischer Minze.

Adukibohnen-Suppe

1 Stück Kombu, 10 cm lang
1 Tasse Adukibohnen

Petersilie, gehackt · Meersalz

½ Tasse Haferflocken

1 Zwiebel, fein gehackt · 1 EL Sesamöl

1 l Wasser oder Grundbrühe

Die Bohnen sollen über Nacht weichen. Im Einweichwasser werden die Bohnen und der gesäuberte Kombustreifen bei kleiner Flamme ca. 50 Minuten gegart. Dann salzen und nochmals 10 Minuten köcheln lassen.
Sautieren Sie die Zwiebel.
Die Adukibohnen werden im Mixer zerkleinert, der Kombustreifen wird in kleine Stücke geschnitten.
Nun werden alle Zutaten einschließlich der Haferflocken in einen großen Topf gegeben und ca. 30 Minuten sanft gekocht.
Sollte Ihnen die Suppe zu sämig sein, füllen Sie vom Rand her noch etwas Flüssigkeit nach.
Abschmecken und mit Petersilie garnieren.

Buchweizen-Suppe

2 Tassen Buchweizenmehl

5½ Tassen Wasser · 3 EL Tamari

Schnittlauch oder Porree, hauchdünn geschnitten

Buchweizenmehl ohne Öl auf kleiner Flamme rösten, bis das Aroma sich entfaltet. Das Mehl auskühlen lassen.
Das Wasser einrühren, aufkochen lassen und bei sehr kleiner Flamme 20 Minuten köcheln lassen. Jetzt rühren Sie das Tamari ein und garnieren mit dem geschnittenen Lauch.
An kalten Wintertagen ist dieses Gericht ein guter »Morgenstarter«.

Zwiebelsuppe

---

3 EL gehackte Zwiebeln

---

4 mittelgroße Zwiebeln, nicht gehackt

---

2 EL Öl · 1 l Wasser

---

1 EL Weizenmehl · ½ Tasse Miso

---

1 EL Selleriegrün, fein gehackt

Sautieren Sie die geschnittenen Zwiebeln. Die nicht gehackten Zwiebeln werden mit einem Messer an drei Stellen bis zur Mitte vertikal aufgeschnitten und auf die sautierten Zwiebeln gesetzt. Geben Sie vom Rand her bis auf eine Tasse die Flüssigkeit in den Topf.

Während die Zwiebeln simmern, rösten Sie das Weizenmehl in einer Pfanne ohne Öl braun.

Wenn das Mehl abgekühlt ist, verrühren Sie das restliche Wasser mit dem Mehl.

Diese Mehlpaste mischen Sie unter die Zwiebeln. Das muß ganz vorsichtig geschehen, denn die Zwiebeln dürfen nicht auseinanderfallen.

Aufgelöste Misopaste in die Suppe rühren und aufkochen lassen.

In eine Suppenschale legen Sie nun eine Zwiebel wie eine Blüte und bestreuen sie mit gehacktem Selleriegrün.

Sesamsuppe mit Broccoli

½ kg Broccoli · 1 l Wasser

½ Tasse Sesam · ¼ Tasse Miso · 2 EL Öl

Trennen Sie die Broccoliblüten vom Strunk, schneiden Sie den Strunk in 2 cm große Würfel und sautieren Sie ihn.

¾ Liter Wasser vom Rand her hinzugeben und 10 Minuten köcheln lassen.

In dem restlichen Wasser lassen Sie die Broccoliblüten bei geöffnetem Topf aufkochen. Sofort vom Feuer nehmen, wenn diese die Farbe wechseln.

Heben Sie die Rosetten mit einem Schöpflöffel aus dem Topf, legen Sie sie auf einen Teller und stellen Sie sie warm. Gießen Sie das Kochwasser zur Suppe.

Im Mörser wird der Sesamsamen gestoßen und in einer Pfanne ohne Öl geröstet.

Miso auflösen und zur Suppe geben. Kurz aufkochen.

Die Suppe wird in Schalen angerichtet, mit den Blüten geschmückt und mit dem Sesam bestreut.

Kürbissuppe

---

1 kleiner Kürbis, gewürfelt

---

1 Zwiebel, in Scheiben geschnitten

---

6 Tassen Wasser · 1 TL Salz

---

2 Tassen Sojamilch · 1 geschlagenes Ei

---

1 TL Sesamöl · Pfeffer und frische Minze, gehackt

In einem geschlossenen Topf lassen Sie 15 Minuten lang den gewürfelten Kürbis und die Zwiebel in Salzwasser kochen. Seihen Sie das Gemüse ab, pürieren Sie es und geben Sie dann die Sojamilch hinzu.

Das Püree mit der Sojamilch wird im Wasserbad 20 Minuten lang erhitzt.

Mit Pfeffer und Salz abschmecken.

Ein Teil vom Kürbispüree wird mit einem geschlagenen Ei vermischt und in die Suppe gerührt. Im Wasserbad so lange kochen lassen, bis die Suppe cremig ist.

Öl einrühren und mit der frischen Minze überstreuen.

Nudelsuppe

---

3 Shiitake, getrocknete Pilze

½ Tasse Sellerie, gehackt

---

1 EL Öl · 1 l Wasser

---

2 Tassen Nudeln, gekocht

¼ Tasse Frühlingszwiebeln, fein geschnitten

¼ Tasse Miso

Pilze 20 Minuten weichen und in schmale Streifen schneiden.
Sautieren Sie erst den Sellerie, dann die Pilze im Eisentopf und
geben Sie das Wasser bis auf eine Tasse in den Topf. Bei kleiner
Flamme köcheln lassen, bis das Gemüse gar ist.
Fügen Sie die Nudeln hinzu und lassen Sie das Gericht noch ein-
mal aufkochen.
Rühren Sie in der übriggelassenen Tasse Wasser die Miso-Paste,
ziehen Sie sie unter und lassen Sie die Suppe 3 Minuten mit den
Frühlingszwiebeln ziehen.

Fischklößchen-Suppe

---

1 Tasse Rettich, in Scheiben geschnitten

---

1 l Wasser oder Grundbrühe

---

1 Tasse Fischfilet

Salz · ¼ Tasse Vollweizenmehl

½ TL Ingwer, gerieben

¼ Tasse Miso

---

1 Frühlingszwiebel, in feine Scheiben geschnitten

Geben Sie den Rettich in einen Suppentopf und bedecken Sie ihn knapp mit Flüssigkeit. Aufkochen lassen und dann die restliche Flüssigkeit vom Rand her zugeben. 10 Minuten köcheln lassen. Pürieren Sie den Fisch in einem Mörser (Suribashi) mit Salz, geben Sie Mehl und Ingwer hinzu und kneten Sie diese Zutaten zu einem Teig. Mit feuchten Händen formen Sie kleine Kugeln und legen diese in die Suppe. Die Bällchen sind gar, wenn sie an die Oberfläche steigen.

Verrühren Sie Miso mit etwas Wasser, geben Sie es langsam in die Suppe. Noch einmal kurz aufkochen lassen und zum Schluß mit der Frühlingszwiebel dekorieren.

Borschtsch

3 EL Sesamöl · 3 kleine Zwiebeln, gewürfelt
5 kleine Kohlblätter · 2 rote Beten, gewürfelt
2 kleine Möhren, gewürfelt
6 Tassen Wasser · 2 Lorbeerblätter
Petersilie, fein gehackt · Salz · Pfeffer

In einer großen Eisenpfanne sautieren Sie die Zwiebeln und die restlichen Zutaten dem Rezept folgend. Die Kohlblätter werden dabei von der Rippe zum Blattrand hin diagonal in 2 cm breite Streifen geschnitten.

Wenn alle Zutaten sautiert sind, salzen und vom Rand her das Wasser aufgießen, die Lorbeerblätter hinzulegen.

Alles aufkochen und bei geringer Hitze 20–30 Minuten die Gemüse köcheln lassen.

Zum Schluß geben Sie feingehackte Petersilie in die Suppe. Abschmecken mit Salz und Pfeffer.

Variante: Anstelle von Petersilie können Sie 4 TL Sojaquark in die Suppe geben.

Salate

Salate stellen nur einen kleinen Teil der makrobiotischen Küche dar. Sie werden hauptsächlich in warmen Jahreszeiten gegessen. Bei grünem Salat, Chicorée, Endivie, Eissalat, Löwenzahn, Brunnenkresse, Brennessel, Sauerampfer und dergleichen wird der Salat gewaschen, in Stücke gepflückt und in der Sauce Ihrer Wahl serviert.

Varianten: Blanchieren Sie Gemüse in sehr kleinen Stücken und mischen Sie es unter den Salat.
Sie können statt dessen auch Nüsse, kleine Stückchen Trockenobst und für besondere Gelegenheiten Krabben oder andere rohe Fischstückchen unter den Salat ziehen.

Gemüsesalat

Schneiden Sie das Gemüse in Streichholzgröße, sautieren Sie es kurz in Öl oder blanchieren Sie es, lassen Sie es erkalten und servieren Sie es mit einer Sauce Ihrer Wahl.

Bohnensalat

1–2 Tassen Kidney-Beans, gekocht
1–2 Tassen grüne Bohnen · 1 EL Öl · Salz

Sautieren Sie die grünen Bohnen 3 Minuten, gießen Sie Wasser auf und lassen Sie alles bei leichter Hitze gar kochen. Dann mischen Sie die beiden Bohnensorten und übergießen sie mit der heißen Salatsauce (s. Kapitel Saucen).

Rettich und Ingwer in Marinade

2 EL geriebener Rettich
1 TL geriebener Ingwer
WERDEN MARINIERT IN
3 EL Shoyu · ½ Tasse Sake
1 Prise Salz · ½ EL Bonitoflocken
1 knappe Tasse Grundbrühe

Lassen Sie alle Zutaten auf kleiner Flamme ziehen und geben Sie dann für ca. 30 Minuten den Rettich und den Ingwer in die Sauce.
Eine klassische Beigabe zur mächtigen Tempura oder zu gebratenen Nudeln.

Wakame-Salat

½ Tasse Wakame, geweicht
½ Gurke, sehr fein geschnitten
1 Apfel, gerieben · ¼ TL Salz
1 EL Sesamsamen

Die gewaschenen Wakame 20 Minuten lang einweichen, die Mittelrippe entfernen und die Wakame in Stücke schneiden. Schneiden Sie auch die Gurke in Scheiben, salzen Sie diese und lassen Sie sie 15 Minuten ziehen.
Obwohl das Salz der Gurke schon Wasser entzogen hat, pressen Sie mit den Händen noch den letzten Saft aus den Scheiben.
Mischen Sie nun alle Zutaten, schmecken Sie mit Salz ab und bestreuen Sie den Salat mit Sesamsamen.

Nudelsalat

Kochen Sie ½ kg Nudeln, wählen Sie eine der Shoyu-Marinaden
(s. Kapitel Saucen) und mischen Sie die Nudeln in der Marinade
mit folgenden Gemüsen:

½ Tasse geraspelte Möhren
½ Tasse geriebener Meerrettich
2 EL Brunnenkresse, gehackt

Wenn Sie die Gemüse mit kochendem Wasser übergießen, werden sie leichter verdaulich.

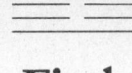

Fisch

Fisch ist neben Geflügel die einzige animalische Nahrung, die die Makrobiotik bevorzugt. Er sollte nur in Salzwasser und nicht unter fließendem Wasser gewaschen werden, da er sonst an Nährwert verliert.
Fisch kann gebacken, gekocht, fritiert, gegrillt oder roh gegessen werden.

Tintenfisch in Miso

2 kleine Tintenfische
1 TL Salz
2 Frühlingszwiebeln, fein geschnitten
1 EL Öl · 2 EL Miso
2 EL Wasser
3 Tropfen Zitrone

Öffnen Sie die Tintenfische und säubern Sie sie in diesem Fall unter fließendem Wasser.
Schneiden Sie den Tintenfisch in feine Streifen und legen Sie diese für 1 Minute in kochendes Wasser. In einer Pfanne sautieren Sie sehr kurz die Frühlingszwiebeln. Lösen Sie die Miso-Paste in Wasser auf, geben den Fisch in den Topf und gießen Sie das Miso darüber.
Dann kommen die Frühlingszwiebeln dazu, und das alles wird 1–2 Minuten aufgekocht.
Vor dem Servieren mit Zitrone bespritzen.

Kalte Krabben

---

2 Stangen Sellerie · 250 g Krabben

---

1 kleine Salatgurke · Salz

---

2 EL Rosinen · 1 TL Umeboshi-Saft

Raspeln Sie die Gurke in hauchdünne Scheiben, salzen Sie sie und lassen Sie sie 10 Minuten ziehen; dann wird der Saft herausgepreßt. Den Umeboshi-Saft gießen Sie auf die Rosinen und lassen sie ziehen. Die Selleriestangen schneiden Sie in hauchdünne Scheiben und vermischen sie mit den Krabben.
Alle Zutaten lassen Sie in einem Topf zusammen ca. ½ Stunde ruhen. Kalt servieren.

Gebratene Makrele im Tontopf

---

4 kleine Makrelen

---

2 Möhren, geviertelt · Salz · 1 Lorbeerblatt

---

1 Zwiebel, gewürfelt

---

1 Tasse Selleriegrün, gehackt

---

2 Tassen Wasser · 2 EL Shoyu

Säubern Sie die Makrelen und reiben Sie sie innen und außen mit Salz ein. Legen Sie wechselweise Makrele – Möhre – Makrele in eine gefettete Tonform. Gießen Sie Wasser und Shoyu in den Topf, bröckeln Sie das Lorbeerblatt darüber und das gehackte Selleriegrün obenauf. Backen Sie den Fisch bei geschlossenem Topf ca. 20 Minuten im vorgeheizten Ofen bei 180 °C.
Makrelen sind sehr fett; damit sie bekömmlicher werden, können Sie geriebenen Rettich dazu servieren.

Gegrillte Forelle

---

4 Forellen

Salz · Pflanzenöl

½ Rettich · ½ EL Petersilie

Säubern Sie den Fisch und salzen Sie ihn innen und außen. 30 Minuten ziehen lassen.
Umwickeln Sie Schwanz und Flossen mit Stanniol, damit sie nicht anbrennen.
Bepinseln Sie den Grillrost mit Öl und grillen Sie die Forellen von beiden Seiten.
Garnieren Sie den Fisch mit Rettich und Petersilie.

Grüner Hering in Weißwein

---

4 kleine Heringe · 2 Gläser Weißwein

---

2 Gläser Wasser · 2 gehackte Zwiebeln

---

1 Lorbeerblatt · 1 Prise Thymian

---

1 Knoblauchzehe, gepreßt · 1½ EL Shoyu

---

1 EL Petersilie

Säubern Sie den Fisch und kochen Sie aus den angegebenen Zutaten einen Fischsud.
Lassen Sie den Fisch 10 Minuten in der Sauce simmern. Dann nehmen Sie den Fisch heraus und stellen ihn kühl. Die Sauce sollte im geschlossenen Topf weiterkochen, bis sie auf etwa die Hälfte reduziert ist. Dann gießen Sie sie heiß über den Fisch.
Sauce und Fisch werden kalt serviert und mit Petersilie bestreut. Ein Festessen für einen Sommerabend – mit kaltem Reis und Salat.

Roher Fisch

Schneiden Sie Makrelenfilets diagonal in hauchdünne Stücke.
Legen Sie die Streifen in ein Sieb und übergießen Sie sie mit kochendem Wasser, lassen sie aber sofort abkühlen.
Garnieren Sie den Fisch mit entsaftetem Rettich oder mit Gur-
kenscheiben.

Saucen

Nudeln, Reis, Gemüse und Eintöpfe werden durch Saucen ergänzt und abgerundet. Diese sollten aber den Eigengeschmack eines Gerichts nie überdecken.

WARME SAUCEN
Erdnuß-Sauce

2 EL Öl
1 Tasse ungesalzene Erdnüsse, geröstet
1 Zehe Knoblauch, gepreßt
1 Zwiebel, gehackt · ½ TL roter Pfeffer
½ TL Honig · 2 EL Miso
1½ Tassen Sojamilch oder Grundbrühe
Petersilie

Erhitzen Sie eine Eisenpfanne und pinseln Sie diese mit 2 EL Öl aus, denn sautieren Sie darin die Erdnüsse ca. 3 Minuten. Anschließend sautieren Sie die Zwiebel und ganz kurz den Knoblauch. Mischen Sie die Milch, den Honig, Miso und Pfeffer und geben Sie diese Mischung auf die sautierten Zutaten.
Noch 5 Minuten köcheln lassen, dann ist die Sauce fertig. Bestreuen Sie sie mit Petersilie.

Empfehlung: Zu Blumenkohl, Kohl, Reis und Nudeln schmeckt diese Sauce heiß oder auch kalt.

Sesamsauce

½ Tasse Tahin (Sesampaste)

4 EL Sojasauce

2 Tassen Grundbrühe

1 Frühlingszwiebel, feingehackt

Salz

In einer Schüssel werden Tahin und Sojasauce vermischt und mit
so viel Grundbrühe verdünnt, bis eine cremige Flüssigkeit entsteht.
Sanft aufwärmen und dann die Frühlingszwiebel unterrühren.

Empfehlung: Sesamsauce können Sie zu Buchweizen und Glasnudeln servieren.

Spaghetti-Sauce

3 EL Öl · 2 Zwiebeln, gehackt

1 Knoblauchzehe, gepreßt

10 Pilze (frische Champignons) · 5 Tomaten

1 kleine Paprikaschote, in feine Streifen geschnitten

½ Möhre, geraspelt

½ Tasse Sellerie, geraspelt

2 Tassen Wasser

2 Lorbeerblätter

2 EL Miso

frisch gehacktes Basilikum

Pinseln Sie einen Topf mit Öl aus und sautieren Sie – beginnend mit den Zwiebeln – alle Gemüse in der Reihenfolge des Rezepts.
Lösen Sie das Miso in Wasser auf und geben Sie es mit dem Lorbeerblatt zusammen in den Topf.
Lassen Sie die Sauce 50 Minuten simmern.
Unterbrechen Sie etwa alle 5 Minuten den Garungsprozeß, indem Sie vom Rand her die Sauce mit Stäbchen durchrühren.
5 Minuten bevor die Sauce fertig ist, fügen Sie das Basilikum hinzu.

Miso-Sojamilch-Sauce

1½ Tassen Sojamilch
1 kleine Zwiebel, geschnitten
1 EL Miso
2½ EL geriebener Käse
1 Prise Pfeffer
1 EL Petersilie, gehackt
Nori, geröstet

Geben Sie Milch und Zwiebel in einen Topf und lassen Sie diese unter ständigem Rühren bei mittlerer Hitze ca. 3 Minuten köcheln.
Mischen Sie das aufgelöste Miso ein, rühren Sie den Käse unter und schmecken Sie ab. Garnieren Sie mit Petersilie und gebröckeltem Nori.

Empfehlung: Diese Sauce ist besonders schmackhaft zu Buchweizennudeln.

Garbanzo-Sauce

1½ Tassen Garbanzobohnen, gekocht

½ Tasse Tahin · 1–2 Knoblauchzehen, gepreßt

2½ EL Umeboshi-Saft

---

2 EL Miso · Pfeffer · 2 EL Petersilie

Pürieren Sie die gekochten Bohnen und vermischen Sie sie mit Tahin, Knoblauch und den anderen Zutaten zu einer cremigen Flüssigkeit.
Schmecken Sie sie mit Pfeffer ab und garnieren Sie sie mit Petersilie.
Ist die Substanz der Sauce zu fest, verlängern Sie sie mit ein wenig Grundbrühe.

Empfehlung: Zu Reis, Buchweizen, Hirse und Gemüse.

Zwiebel-Sauce

---

3 EL Sesamöl · 4 Zwiebeln, fein gehackt

⅔ Tassen Wasser · 2–3 EL Miso

Sautieren Sie die Zwiebeln in Öl, lösen Sie das Miso in ⅔ Tassen Wasser auf und lassen Sie diese Sauce etwa 30 Minuten in einem geschlossenen Topf simmern.

Empfehlung: Die Zwiebelsauce schmeckt besonders gut, wenn sie ca. 6 Stunden durchgezogen ist.

Variante: Verrühren Sie 1 EL Tahin in Wasser oder Grundbrühe und geben Sie dies in die Zwiebelsauce.

Béchamel-Sauce

2 EL Öl · 2 EL Mehl
1 Tasse Sojamilch · 3–4 TL Miso
2 EL Wasser · Pfeffer · Muskat

Erhitzen Sie das Öl auf kleiner Flamme und rühren Sie das Mehl dazu.
Löschen Sie das Mehl mit Sojamilch ab, bevor es bräunt. Miso in 2 EL Wasser auflösen und in die Sauce rühren.
Noch 5 Minuten köcheln und mit Pfeffer und Muskat abschmecken.

Variante: Geben Sie 1–2 EL geraspelten Käse oder 1 EL Zitronen- oder Umeboshi-Saft kurz vor dem Servieren in die Sauce. Ebenso können Sie frische Kräuter oder 1 EL Tahin oder 1 EL cremig gerührten Tofu zugeben.

Miso-Ingwer-Sauce

½ Tasse Wasser oder Grundbrühe
2 EL Miso · 1 ½ TL Honig
1 TL Mehl oder Kuzu, aufgelöst
1 ½–2 EL Wasser
1 EL Ingwer, gerieben

Lösen Sie das Miso im Wasser auf und rühren Sie es zusammen mit Honig und Mehl in die Grundbrühe.
Unter ständigem Rühren 3 Minuten köcheln lassen.

Empfehlung: Zu Fisch.

Apfel-Sauce

4 Delicious-Äpfel

Wasser · eventuell Kuzu

Geben Sie so viel Wasser über die geviertelten Äpfel, daß sie knapp bedeckt sind, und simmern Sie sie ca. 30 Minuten. Nach dem Kochen gut pürieren und eventuell mit Kuzu andicken.

Variante: ½ Tasse feingemahlene Haselnüsse in die Sauce rühren und mit einer Prise Salz ziehen lassen. Kurz aufkochen lassen und mit ½ TL geriebenem Ingwer verrührt servieren.

Heiße Salatsauce

1 Zwiebel, sehr fein gehackt · 2 EL Shoyu

4 EL Öl · 3 EL Umeboshi-Saft

2 EL Petersilie, fein gehackt, zur Garnierung

Dünsten Sie die Zwiebel in Öl glasig und mischen Sie die Zutaten zu den Zwiebeln. Kurz aufkochen lassen, mit Petersilie garnieren und heiß über den Salat geben.

Kürbis-Suppe

2 Scheiben Kürbis, gehackt

2 Zwiebeln, fein gehackt

2 TL Umeboshi-Saft · 1½ EL Tamari

2 EL Tahin · 1 EL Öl

Kochen Sie den Kürbis 10 Minuten auf kleiner Flamme und pürieren Sie ihn.

In einem Topf werden die Zwiebeln in heißem Öl glasig gerührt und dann mit Kürbispüree und Tahin vermischt. Schmecken Sie mit Umeboshi-Saft und Tahin ab.

Empfehlung: Diese Sauce schmeckt gut zu Reisnudeln und zu Fisch.

Apfel-Sirup

---

4 Delicious-Äpfel

---

1 Prise Meersalz

Vierteln Sie die Äpfel und lassen Sie sie, knapp mit Wasser bedeckt, auf sehr kleiner Flamme 30 Minuten köcheln.

Pürieren Sie die Äpfel und streichen Sie sie anschließend durch ein feines Sieb. Die verbleibende Flüssigkeit kochen Sie so lange, bis die Substanz sich zu einem dickflüssigen Sirup reduziert.

Dieser Sirup kann anstelle von Zucker für süß-saure Gerichte verwendet werden.

Umeboshi-Saft

---

2 Umeboshi-Pflaumen

---

1 Tasse Wasser

Lassen Sie die Pflaumen in Wasser 5 Minuten simmern, während des Kochens lösen Sie das Fleisch von den Pflaumen, um den Geschmack zu intensivieren.

Dieser Saft wird anstelle von Zitrone und Essig für Salatsaucen verwendet.

KALTE SAUCEN

Grüne Salatsauce

2 Tassen Basilikumblätter, ganz fein gehackt
2 EL Pinienkerne, gemahlen
2 EL frischer Parmesankäse, gerieben
1 Knoblauchzehe, gepreßt
Salz und Pfeffer
1 Tasse Sonnenblumenöl

Alle Zutaten werden in einer Schale zu einer dicken Paste verrührt. Wenn Sie die Sauce lieber flüssiger mögen, geben Sie etwas Grundbrühe dazu.

Empfehlung: Anstelle von Basilikum können Sie auch andere Kräuter wie Majoran, Petersilie oder Salbei verwenden.

Sesam-Salatsauce

2 EL Sesamsamen
4 EL Öl
2 EL Umeboshi-Saft
2 EL Shoyu

Diese Zutaten vermischen Sie miteinander und geben Sie zu dem Salat Ihrer Wahl. Die Sauce läßt sich auch gut zu Tempura reichen.
Als Variation können Sie 1 TL Ingwer, gerieben, oder 1 EL Rettich, fein gerieben, hinzufügen.

Tofu-Salatsauce

2 Pakete Tofu
½ Tasse grüner Pfeffer (Körner)
2 Knoblauchzehen, fein gehackt
1 TL Fenchelsamen
1 TL Salz
2 EL Umeboshi-Saft
¼ Tasse Zwiebeln, fein gehackt

Pürieren Sie den Tofu, fügen Sie Knoblauch, Pfeffer, Fenchelsamen, Zwiebeln und Salz hinzu und rühren Sie alles zu einer cremigen Masse, indem Sie den Saft langsam hinzufügen.

Empfehlung: Anstelle des Umeboshi-Saftes können Sie auch Zitronensaft oder Reisessig nehmen.

Mayonnaise

1 Eigelb
Öl
Salz
1 EL Umeboshi-Saft

Halten Sie alle Zutaten auf gleicher Temperatur und rühren Sie dann tropfenweise das Öl in das Ei, bis eine dicke Paste entsteht. Würzen Sie mit Umeboshi-Saft, Pfeffer und Salz.

Sauce Vinaigrette

2 Schalotten
1 EL Petersilie
1 EL Dill
1 EL Schnittlauch
2 EL Umeboshi-Saft
1 EL Sojasauce
2–3 EL Öl
Pfeffer
Salz

Alle Kräuter gut hacken, mit den Flüssigkeiten vermischen und gut ziehen lassen.

Empfehlung: Zu Salaten und besonders lecker zu gegrilltem Fisch.

Pasten (Brotaufstrich)

Pasten streichen Sie auf Brot oder mischen sie unter Reis und Nudeln.

Lauch-Miso-Paste

¼ Stange Lauch

1 EL Miso · 1 EL Wasser

Schneiden Sie die Lauchstangen in hauchdünne Scheibchen und sautieren Sie sie in Öl. Verbinden Sie Miso und Wasser und mischen Sie das sautierte Gemüse damit zu einer weichen Paste. Besonders gut zu einem weichen Reisbrei.

Shiitake-Miso-Paste

¼ Tasse Pilze

1 EL Zitronenschale, gehackt · 1 EL Miso

¼ Tasse Walnüsse, gehackt · 1 EL Distelöl

Weichen Sie die Pilze und schneiden Sie sie dann in streichholz-große Streifen. Hacken Sie die Walnüsse oder pürieren Sie sie im Mörser. In einer Pfanne dünsten Sie die Pilze im Fett, geben dann Zitronenschale und Miso hinzu und lassen alles auf sehr kleiner Flamme 15 Minuten ziehen. Als letztes werden die Walnüsse eingerührt.

Tahin-Paste

3 EL Tahin

½ EL Miso

In einer Pfanne bräunen Sie das Tahin vorsichtig rührend und geben dann das Miso hinzu.
Sollte diese Paste zu steif sein, kann sie mit Wasser sämig gerührt werden.

Walnuß-Miso-Paste

1 Tasse Walnüsse

¼ Tasse Miso (nach Geschmack)

¼ Tasse abgekochtes Wasser

Bräunen Sie die Nüsse bei mittlerer Hitze und zerstoßen Sie sie dann in einem Mörser.
Lösen Sie das Miso im Wasser und mischen Sie die Zutaten.

Variante: Diese Paste läßt sich auch mit Erdnüssen anrühren, besonders magenverträglich sind auch Sonnenblumenkerne.

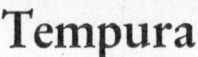

Tempura

Tempura ist vergleichbar mit einem Fonduegericht. Man taucht Fisch oder Gemüse in flüssigen Teig und backt dies dann in Öl.

Tempura-Teig (I)

1 Tasse Weizenmehl
1¼ Tassen Wasser, eiskalt
½ TL Salz · 1 TL Kuzu (gehäuft)

Vermischen Sie alle Zutaten in einem Gefäß und rühren Sie so gut, bis der Teig leicht und fließend ist.

Tempura-Teig (II)

1 Tasse Weizenmehl
⅔ Tasse Reis oder Maismehl
½ TL Salz
1⅓ Tassen Wasser, eiskalt
1⅓ Tassen Sprudel, eiskalt

Mischen Sie die Mehlsorten mit Salz, fügen Sie das Wasser hinzu und rühren Sie den Teig zu einer sämigen Flüssigkeit. Dann ziehen Sie das Sprudelwasser unter den Teig.

Grundrezept für Tempura

Schneiden Sie die Zutaten (Fisch oder Gemüse) in 3½-cm-Streifen und trocknen Sie sie mit Küchenkrepp. Glattflächige Stücke werden mit Mehl bestreut, damit der Teig haftet.

Erhitzen Sie das Öl auf 175 °C. Die Oberfläche des Öls bewegt sich sanft, und das Öl macht leicht knackende Geräusche. Um die Öltemperatur zu überprüfen, spritzen Sie ein wenig Teig ins Fett. Sinkt der Teig nach unten und steigt schnell wieder nach oben, so ist die Temperatur richtig. Sinkt der Teig nur langsam zum Boden und wieder langsam herauf, so ist das Öl nicht heiß genug.

Bleibt der Teig jedoch oben, so ist das Fett zu heiß, und der Teig würde verbrennen.

Tauchen Sie kleine Gemüse- oder Fischbündel in den Teig. Legen Sie das zu Fritierende auf die Oberfläche und beobachten Sie die Garung.

Wenn einige Teile größer sind, müssen sie nach dem Aufsteigen gewendet werden, damit sie rundherum bräunen. Lassen Sie überschüssiges Fett auf Küchenkrepp abtropfen. Fallen während des Backens Krusten ins Fett, dann reinigen Sie das Öl sofort mit einem kleinen Sieb.

Knusprige Tempura muß kurz vor dem Servieren zubereitet werden.

Variante: Marinieren Sie Fisch in Tamarisauce und wenden Sie ihn anschließend in Mehl oder marinieren Sie ihn in Tamarisauce und geriebenem Ingwer.

Lotus-Tempura

---

1 Lotusfrucht · 2 EL Tahin

---

2 EL Miso · ½ TL Ingwer, geraspelt

---

1 EL Weizenmehl

Die Lotusfrucht wird 10 Minuten gekocht, anschließend werden die Enden abgeschnitten. Verkneten Sie in einer flachen Schale Ingwer, Miso und Tahin zu einer Paste. Jetzt pressen Sie mit dem Ende eines Holzlöffels diese Paste in das Lotusgehäuse.
Eine Stunde in einem flachen Gefäß ziehen lassen.
Die Füllung bewirkt, daß der Lotussaft aus der Frucht fließt. Mit dieser Flüssigkeit befeuchten Sie die Frucht rundherum und wälzen sie anschließend im Mehl.
Die Lotusfrucht wird in Tempura-Teig dickflüssiger Konsistenz getaucht und dann in Maisöl fritiert. Lassen Sie das Gericht auskühlen und servieren Sie es in Scheiben von 2 cm Dicke.

Tempura-Tofu

Wickeln Sie den Tofu in ein Leinentuch, legen Sie ihn zwischen zwei Bretter, beschweren Sie das Ganze mit einem Gewicht, damit die Flüssigkeit aus dem Tofu fließen kann. Nach 1 Stunde schneiden Sie den Tofu in 3 × 3 cm große Stücke, tauchen ihn in den Teig und backen ihn in heißem Öl.

Empfehlung: Tofu in Rettich-Ingwer-Sauce tauchen.

Sauce für Tempura

Reiben Sie Rettich und besprenkeln Sie ihn mit Shoyu. Jeder bekommt eine Schale zur Tempura, die mit der Sauce gefüllt wird. Die ausgebackenen Stücke werden dann hier eingetaucht.

Apfel-Tempura

1 Eigelb
½ l Eiswasser
250 g Vollweizen
Pflanzenöl zum Ausbacken
Äpfel

Verquirlen Sie die genannten Zutaten zu einem dünnen Teig. Die in mundgerechte Scheiben geschnittenen Äpfel tauchen Sie einzeln zuerst in den Teig und dann sofort in das heiße Pflanzenöl. Nach ca. 2 Minuten sind die Äpfel gar.

Man kann sie kurz auf Küchenkrepp abtropfen lassen und dann sofort servieren.

Sauer Eingelegtes zum Nachtisch

Nachspeisen

Nach einer Mahlzeit, besonders wenn sie reichhaltig war, freut sich Ihr Magen auf etwas »Erleichterndes«. Pickles beispielsweise unterstützen Ihre Verdauung, sie sind außerdem reich an Mineralien und Vitaminen und erfrischen. Wenn Sie auf unser traditionelles Sauerkraut keinen Appetit haben, können Sie Ihr Sauer-Eingelegtes selbst zubereiten. Aus allen hartfaserigen Gemüsen wie Karotten, Rettich, Kohl, Gurken, Blumenkohl, Radieschen lassen sich Sauer-Gemüse herstellen.

Unbedingt wichtig ist, daß Sie nur Gemüse aus biologisch-dynamischem Anbau verwenden. Mit Spritzmitteln behandeltes Gemüse fault bei der Gärung.

Der Tontopf, in dem wir unsere Gemüse säuern, muß sehr häufig mit heißem Wasser gewaschen und dann an der Luft getrocknet werden. Dies gilt vorzugsweise deshalb, weil der Tontopf ein »atmendes« Gefäß ist und sich in seinen Poren alte Säuren absetzen können. Gerade wegen dieser Eigenschaft ist aber der Tontopf für diesen Zweck besonders geeignet. Der Säuerungsprozeß des Gemüses erfordert es, daß Sie zur Gärung einen Holzdeckel auf das Gemüse im Topf legen, der durch einen Stein (Gewicht) auf das Gemüse gedrückt wird. Im Idealfall ist das Gewicht so schwer wie das Gewicht des eingelegten Gemüses. Dieser Holzdeckel muß also seiner Funktion entsprechend genau in den Tontopf passen und dicht am Innenraum abschließen. In der Mitte hat das Holzbrett ein Loch, damit überschüssige Flüssigkeit hochsteigen kann. Zwischen Holzbrett und Gemüse gehört ein Leinentuch, das während des Gärprozesses alle 3–4 Wochen ausgewaschen wird. Grundsätzlich sollte der Topf während der Gärungszeit in einem kühlen, dunklen Raum stehen.

Sauer eingelegter Kohl

5 kg Chinakohl
½ kg Salz
Zitronenschalen, geschnetzelt

Vierteln Sie den Chinakohl der Länge nach, aber teilen Sie die Blätter nicht.
Waschen Sie ihn unter fließendem Wasser und lassen Sie ihn 1 Tag trocknen.
Mischen Sie Salz und Zitronenschale und legen Sie es schichtweise – Zitronenschale, Salz, Kohl – in den Tontopf.
Schließen Sie den Topf mit dem Holzbrett, beschweren Sie es mit dem Stein. Nach 10 Tagen können Sie anfangen, den Kohl zu essen.
Je länger der Kohl im Topf bleibt, desto saurer wird er.

Variante: Mit Lorbeerblättern oder Wacholderbeeren können Sie den Kohlgeschmack abwandeln.

Gemüse, in Miso gesäuert

Zum Säuern mit Miso eignen sich alle hartfaserigen Gemüse. Die Gemüse werden gereinigt und blanchiert.
Sie können hierbei die Gemüse als ganze Stücke oder geschnitten einlegen.
24 Stunden lang werden die Gemüse in einer Salzlake entwässert. Dabei sollte die Salzmenge ein Zehntel des Gemüsegewichtes betragen.

Wie beim Grundrezept wird das Wasser durch einen Stein auf einem Holzbrett herausgepreßt.

Danach legen Sie in den Tontopf eine 3 cm dicke Misoschicht (Paste), darüber Gemüse, dann wieder Miso usw.

Sie schließen den Topf wieder mit dem Leinentuch, dem Holzbrett und legen den Stein auf.

Nach 6 Monaten können die Pickles gegessen werden.

Da die Misopaste ebenfalls durch einen Gärungsprozeß entstanden ist, wird sie durch diesen neuen nicht beeinträchtigt und ist daher weiter voll verwendbar.

Gesäuerte Gemüse

2 weiße Rüben mit Blättern
1 EL Salz, gehäuft
1 rote Bete, geviertelt
3 Kohlblätter, geschnitten
1 Möhre, geschnitten

Schneiden Sie die Rüben in Scheiben und hacken Sie die Blätter klein.

Geben Sie alle Gemüsezutaten in einen Topf und überstreuen Sie diese mit Salz.

Bedecken Sie den Topf wie in den anderen Gärungsrezepten mit einem Holzbrett und einem Stein, damit der Saft herausgepreßt wird.

Bei diesem Rezept handelt es sich um einen beginnenden Säuerungsprozeß.

Das Gemüse kann nach 24 Stunden gegessen werden. Je länger Sie es gären lassen, desto saurer wird das Gemüse.

Eingelegter Rettich (Daikon)

2½ kg Rettich · 2½ kg Weizenkleie

1–1¼ kg Salz

Hängen Sie frische Rettiche eine Woche lang an einem kühlen Platz horizontal auf. Die Blätter bleiben an der Pflanze.

Nach 1 Woche werden die Rettiche gebürstet – nicht gewaschen – und in einem Tontopf in Schichten zwischen Salz und Weizenkleie eingebettet.

Die Rettichblätter werden so lange getrocknet, bis sie papierdünn sind. Dann werden sie mit einem Kombustreifen auf die Rettiche gelegt.

Darauf legen Sie das Leinentuch, darüber das Holzbrett, und dann beschweren Sie es mit einem Gewicht von 5 kg, also etwa dem doppelten Gewicht des Rettichs.

Wenn so viel Flüssigkeit aus dem Rettich gepreßt ist, daß der Saft das Gemüse bedeckt, nehmen Sie ein geringeres Gewicht (2½ kg).

Der Rettich braucht etwa 8 Monate Zeit. Bevor Sie ihn essen, waschen Sie die Salzlake unter fließendem Wasser ab.

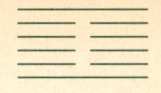

Getränke

Wenn Sie gut gekaut haben, dann haben Sie kaum Durst. Sie haben Ihre Suppe während des Essens in kleinen Schlucken zu sich genommen und sind erfrischt von den herzhaften Pickles zum Abschluß der Mahlzeit. Wenn Sie dennoch Durst haben, dann sollten Sie ihre Salz- und Gewürzezufuhr überprüfen.

Tee war in seinem Ursprung Medizin.
Alle Getränke sollten wohltemperiert sein und so getrunken werden, daß sie sich noch mit Speichel vermischen können.

Bancha-Tee

Bancha-Tee ist grüner Tee. Er wächst am unteren Teil des Teebusches und wird aus dreijährigen Blättern und Stielen der Pflanze bereitet.
In einer Pfanne rösten Sie die Teeteile bei milder Hitze und verwahren sie luftdicht.
Rechnen Sie für 1 Tasse Wasser 1 TL Tee. Dieses Gemisch lassen Sie auf kleiner Flamme 5 Minuten simmern. Nach dem Durchsieben ist der Tee trinkfertig.
Wenn Sie besonders milden Tee lieben, gießen Sie den Tee im gleichen Verhältnis auf, aber lassen Sie ihn nur 10 Minuten ziehen, statt ihn simmern zu lassen.
Morgens ist Bancha-Tee mit 1 TL Tamari sehr nützlich zum Wachwerden.

Mu-Tee (16-Kräuter-Tee)

(siehe Zutaten)

Kochen Sie einen Beutel Tee in ½ Liter Wasser ca. 10 Minuten. Da die Kräuter sehr stark sind, können Sie davon auch einen zweiten Aufguß bereiten.

Yannoh-Getreidekaffee

Dieses nahrhafte Getränk ist aus 5 Getreidesorten entstanden. Rechnen Sie 1 Tasse Wasser auf 1½ TL Getreidekaffee. Mit einer kleinen Prise Salz ca. 15–20 Minuten bei milder Hitze gekocht und dann gesiebt wird der Kaffee gereicht.

Löwenzahnwurzelkaffee

Waschen und trocknen Sie die Wurzel. Raspeln Sie sie und rösten Sie sie bei mittlerer Hitze in der Pfanne, dann mahlen Sie sie in einem Mixer. Rechnen Sie ½ TL Pulver auf 1 Tasse Wasser. Gießen Sie kochendes Wasser auf das Pulver und lassen Sie es 10 Minuten ziehen.

Eigenherstellung makrobiotischer Zutaten und Rezepte für deren Anwendung

Comasio

1 Tasse Sesam
1 EL grobes Meersalz

Bei der Mengeneinteilung sollte das Verhältnis Sesam : Meersalz immer 1 : 9 sein.

Waschen Sie den Sesam in einem feinen Sieb und trocknen Sie ihn in einem Leinentuch.

Rösten Sie das Salz in einer Eisenpfanne bei Mittelhitze und rühren Sie es, damit es rundherum gebräunt wird.

Geben Sie das Salz in den Suribashi und zerkleinern Sie es. Auch der Sesam wird unter Rühren – aber bei starker Hitze – in der Pfanne geröstet.

Der Sesam wird zum Salz gegeben.

Halten Sie den Mörser so, daß Sie ihn fest im Griff haben, denn das Rühren braucht Ihre ganze Aufmerksamkeit: Das Comasio darf nach dem Rühren weder Pulver zeigen noch unzerstoßene Körner. Je sorgsamer Sie es bereiten, desto länger bleibt es frisch. Verwahren Sie das Comasio in einem geschlossenen Behälter.

Comasio ist das Tafelsalz der Makrobiotik. Sie können es über Reis und Gemüse streuen.

Tofu

Sie können sowohl frischen Tofu als auch getrockneten in japanischen Geschäften kaufen.

Auch wenn die Selbstherstellung sehr viel Arbeit macht, lohnt sich doch das Ergebnis.

---

3 Tassen gelbe Sojabohnen (ergibt ½ kg Tofu)

4½ TL Gerinnungsmittel

2 EL frischer Zitronensaft

Weichen Sie die Bohnen über Nacht in Wasser ein, lassen Sie sie abtropfen und pürieren Sie sie in einem Mixer.

In einem großen Topf wird das Püree dreimal aufgekocht, wobei Sie jedesmal etwas kaltes Wasser hinzufügen, damit ein Überschäumen verhindert wird.

In einem Gazetuch drücken Sie diese Masse aus, damit sich Milch und Püree scheiden.

Das, was im Tuch bleibt, der Bohnenrückstand, kann zu kleinen Kugeln geformt und in heißem Fett gebraten werden. Die Milch ist für die Käsebereitung bestimmt.

4½ TL Gerinnungsmittel bzw. ersatzweise Zitronensaft in die kochendheiße Milch geben.

Diese Flüssigkeit sollte mit dem Kochlöffel zweimal in Kreuzform gerührt werden. Stehenlassen, bis die Flüssigkeit gerinnt.

In das Sieb, das Sie mit einem Gazetuch auslegen, gießen Sie die geronnene Masse, damit sich die Molke vom Tofu trennen kann.

Nach 2 Stunden haben Sie Käse. Sollte er nicht fest genug sein, können Sie den Tofu mit einem Holzbrett und einem Stein beschweren, damit er sich festigt.

Tofu kann in Miso-Suppen als Einlage gegessen werden und überall da, wo eine Proteinergänzung angebracht ist, z. B. in Saucen, Eintöpfen, aber auch als selbständiges Gericht.

Tofu-Salat

½ kg Tofu, sehr trocken

---

1 kleine Möhre, diagonal geschnitten

½ Tasse Shiitake, getrocknete Pilze

---

1 Stange Selleriegrün, fein geschnitten

---

1 Tasse Wasser · 2 EL Umeboshi-Pflaumensaft

---

1 EL Zitronenmelisse · 2 EL Öl · Salz

Weichen Sie die Pilze 10 Minuten in Wasser und schneiden Sie sie in Stücke. Sautieren Sie die Möhren und die Pilze und sehr kurz das Selleriegrün. Schneiden Sie den Tofu in kleine Würfel. Vermischen Sie ihn vorsichtig mit dem noch warmen Gemüse. Anschließend verrühren Sie Öl, Salz und Umeboshi-Saft und fügen Zitronenmelisse hinzu.

Dann gießen Sie diese Marinade über das Gemüse und servieren es, nachdem es 1 Stunde gezogen hat.

Tofu-Sauce

---

250 g Tofu · ½ Tasse Grundbrühe

½ TL Salz · 1 EL Sojasauce

---

1 EL Kuzu · 1 TL Liebstöckel, geschnitten

½ Tasse Wasser

Vermischen Sie die Grundbrühe mit dem Tofu und rühren Sie sie gut sämig. Kuzu mit ½ Tasse Wasser verrühren, in die Grundbrühe mit dem Tofu geben und zusammen 5 Minuten sanft köcheln lassen. Zum Schluß mit Liebstöckel garnieren. Diese Sauce schmeckt zu Reis und Nudeln, besonders gut zu Nudelauflauf.

Gebackener Tofu

½ kg Tofu

---

1 Schalotte, fein gehackt

---

1 Möhre, fein geraspelt

---

1 EL Vollweizenmehl

Meersalz

Zerdrücken Sie den Tofu mit der Zwiebel, der Möhre und dem Salz.

Streuen Sie das Mehl zum Binden über die Masse und formen Sie kleine Bällchen.

In einer heißen Pfanne mit Fett werden die Bällchen von beiden Seiten knusprig braun gebraten.

Servieren Sie sie mit Tamari-Ingwer-Sauce.

Tofu-Brotaufstrich

---

250 g Tofu

---

1 EL Miso

---

1 EL Tahin

¼ Tasse Sojabohnensprossen, fein gehackt

Zerdrücken Sie den Tofu mit einer Gabel und geben Sie die übrigen Zutaten dazu, kneten Sie alles kräftig durch.

Dieser Brotaufstrich eignet sich auch sehr gut als Pfannkuchen-Füllung.

Ratschläge

A) 1. Wir sollten unsere Nahrungsmittel möglichst natürlich belassen und alle Teile von Gemüsen (z. B. Kraut und grüne Teile) für die Suppe bewahren.
2. Wir müssen erkennen lernen, was wir vertragen; keine Regeln übernehmen, sondern intuitiv werden und die Körperreaktion auf die Nahrung beobachten.
3. Gemüse und Früchte sollten wir nur entsprechend der Jahreszeit und aus der nächsten Umgebung wählen.
4. Wir sollten in Ruhe und Harmonie kochen und alles 50mal kauen, denn mit dem Einspeicheln und dem Zerkleinern beginnt der Verdauungsprozeß.

B) 1. Im Winter sollten wir mehr Öl zu uns nehmen – auch die Tiere entwickeln im Winter eine Fettschicht.
2. In kalten Jahreszeiten sollte man Salate kurz überbrühen und lauwarm servieren.
3. Gebrauchen Sie Holzstäbchen zum Mischen und Rühren.
4. Eisentöpfe sollte man mit Salz reinigen, Aluminiumtöpfe sollte man überhaupt nicht benützen.
5. Kochwasser von Gemüse oder Teigwaren sollte man immer aufbewahren und für Suppen benützen. Das gilt auch für Einweichwasser.
6. Öl sollte man erst dann in die Pfanne geben, wenn diese heiß ist.

Quellennachweis

Abesera, Michel: Zenkochkunst, O. W. Barth Verlag

Kuchi, Michio: The Book of Macrobiotics, deutsch: Bruno Martin Verlag, Frankfurt 1979

Ohsawa, George: Zen Makrobiotik, Franz Thiele Verlag, Hamburg

–: Zen Cookery: The Ohsawa Foundation, Paris

Gerline Haberl: Leben, Kristkreitz-Verlag

Bill Tara: Einführung in die Makrobiotik, Seminar, Hamburg

Brown Rice and Love: Calvin Holt, Pyramid Books, New York

How to Cook with Miso: Aveline Tomoko Kushi, Japan Publications Inc., Tokio

Ilse Clausnitzer: Einführung in die Makrobiotik, Nahrungs-coop Berlin

Register